Friedrich Held

Der Tote vom Eisler

Schrenk-Verlag
Röttenbach / Fränk. Seenland

Edition Hesselberg & Altmühlfranken im Schrenk-Verlag

Nadine Kießling, Als der Nebel sich lichtete 978-3-924270-52-0
Nadine Kießling, Als der See kam - Novelle (ersch. 2021)
Friedrich Held, Was habe ich Euich getan? 978-3-924270-48-3
Friedrich Held, Der Tote vom Eisler, 978-3-924270-78-0
Martin Röper, Geo-Zentrum Solnhofen, 978-3-924270-58-2
Martin Röper, Geo-Zentrum Solnhofen - Ebook 978-3-924270-33-9

Bibliographische Information der **Deutschen Nationalbibliothek**:
Die Deutsche Nationalbibliothek verzeichnet diese Publikation in der Deutschen Nationalbibliographie; detaillierte bibliographische Angaben sind im Internet über www.dnb.de abrufbar.

Impressum
© Schrenk-Verlag, Inh. Dr. Johann Schrenk
Alramweg 3, 91187 Röttenbach
schrenk@buchfranken.de / www.buchfranken.de
Satz und Layout: Schrenk-Verlag
Cover: Gestaltung Schrenk-Verlag; Vorderseite unter Verwendung des Bildes „Wassertrüdingen vom Eisler aus betrachtet", ein Ölgemälde von Erich Klemm aus dem Jahre 1946
Rückseite unter Verwendung eines Fotos von F. Held (2020)
Texte: Friedrich Held, Wassertrüdingen
Fotos: s. Bildnachweis S. 104
Herstellung: BoD – Books on Demand, Norderstedt

Originalausgabe November 2020

ISBN **978-3-924270-78-0**

Friedrich Held

Der Tote vom Eisler

Eine Kriminalgeschichte

EHA Edition Hesselberg
& Altmühlfranken
im Schrenk-Verlag

Inhalt

Wassertrüdingen, Am Marktplatz. Im Hintergrund das „Törle“ (um 1900)

Der Tote vom Eisler
Eine Kriminalgeschichte

Leben in einer fremden Stadt

Luise Reuter rieb sich die Augen. War das alles wirklich geschehen, was sie in den letzten sieben Monaten erlebt hatte? Im Alter von zweiundzwanzig Jahren war sie aus ihrem Elternhaus fortgegangen. Fast jede Nacht verfolgten sie im Traum die schlimmen Bombennächte im Ruhrgebiet: Sirenen und Detonationen, Feuer, Gasgeruch und brennende Kohlehalden, furchtbar. Oft dachte sie darüber nach, wie man mit diesen schrecklichen Erinnerungen fertig werden könnte, doch meist endeten diese Überlegungen mit Tränen in den Augen. In Wassertrüdingen schlief sie ganz gut in einem fremden Bett in sehr beengten Verhältnissen.
Ihre Vermieterin Lina Herzog hatte im Krieg ihren Mann verloren, der beim Sturm auf Stalingrad gefallen war. Obwohl Luise die Tochter von Lina hätte sein können, verstanden sich die beiden Frauen sehr gut. Und ihr Sohn Karl blieb vermisst, auch wenn nun schon mehr als vier Monate Waffenstillstand herrschte. Vermieten wollte Lina nicht, aber wie allen Hausbesitzern wurde ihr vom Bürgermeister eine Frau zugewiesen, die als Vertriebene mittellos am Bahnhof in Wassertrüdingen angekommen war. In einem zugigen Nebengebäude, einem ehemaligen Schweinestall, wuschen sich beide Frauen jeden Tag in einer Blechschüssel mit einer billigen Kernseife, doch sie wussten, dass es viele Menschen in Deutschland und in den Nachbarländern gab, die sich gar nicht waschen konnten, weil sie keine Waschwanne oder keinen großen Waschzuber hatten.
In diesem alten Stall stand auch eine verzinkte Badewanne, in der man baden konnte, wenn man vorher heißes Wasser auf dem Holz- bzw. Kohleofen vorbereitet hatte. Beim Frühstück in der kleinen Küche der Herzogs saßen sich Lina und Luise jeden Morgen gegenüber. Nach der Begrüßung mit „Guten Morgen“ sprachen sie nicht sehr viel, jede hing ihren eigenen Gedanken nach, doch für Luise war es mit die schönste Zeit am Tag, denn sie fühlte sich zusammen mit Lina in der kleinen Küche geborgen und schon fast so gut wie daheim in ihrem kleinen westfälischen Dorf.

Heute früh dachte sie wieder an ihre Eltern. Ihr Vater war vermisst und die Mutter arbeitete als Magd auf einem Bauernhof, da konnte man sie nicht auch noch brauchen. Ihre Schwester Helga galt nach einem Bombenangriff auf Köln als vermisst, doch meldete sie sich zwei Wochen nach der furchtbaren Bombennacht aus einem Krankenhaus in einer Kölner Vorstadt. Wo sie gerade war, wusste Luise aber nicht. Lina bot ihr noch eine halbe Scheibe Brot an, doch die Margarine schmeckte ihr immer noch nicht, und Marmelade hatten sie nur sehr wenig. Der Kaffee war gar nicht so schlecht. Luise hatte sich schon an den Geschmack dieses Warmgetränks gewöhnt, das Lina Herzog aus gebrannten und gemahlenen Bucheckern machte.

Luise ging es gut, eigentlich zu gut, denn sie arbeitete im Gasthof zum Lamm als Bedienung. Deswegen hatte sie einige Neider. Weil dort viele amerikanische Besatzungssoldaten einkehrten, war Luises Ruf nicht der beste in Wassertrüdignen. „Ami-Hure“ war noch ein gemäßigtes Schimpfwort, das mancher Wassertrüdinger verwendete, doch das konnte ihr gleichgültig sein, denn sie war ja nicht aus diesem Städtchen. Auf jeden Fall bekam sie öfter von den amerikanischen Soldaten Geschenke, mit denen sie ihre Miete begleichen konnte. Außerdem rauchte sie nicht, so konnte sie die vielen Zigaretten der Amerikaner für Brot und andere Lebensmittel verwenden. Lina Herzog machte ihr wegen ihres Berufs keine Vorwürfe, denn sie sah ein, dass Luise ja von etwas leben musste. Es gab nicht sehr viele Arbeitsstellen. Für Frauen blieb nur Kochen, Putzen und Waschen. Wer eine solche Beschäftigung bei den Engländern im Schloss oder bei den Amerikanern hatte, war froh, auch wenn viele andere sich oft den Mund zerissen, weil die amerikanischen Soldaten immer öfter mit den deutschen „Froleins“ zusammenkamen. Als Luise fragte, ob sie abspülen solle, meinte Lina: „Du brauchst mir nicht beim Abspülen helfen, du musst ja dann im Lamm noch alles von gestern Abend spülen und abtrocknen.“

Luise ging durch die Höllgasse. Sie musste an ihrem Arbeitsplatz nicht putzen und kochen, doch das Gastzimmer musste sie aufräumen, und die Gläser und die Theke waren ihre Aufgabe. Gestern abend hatte sie ihr Arbeitgeber, der Wirt Georg Niedermüller, gegen elf Uhr heimgeschickt, die letzten Zecher waren aber sicher noch einige Stunden

Die Höllgasse in Wassertrüdingen (um 1940)

geblieben. Die Theke würde voll mit gebrauchten Gläsern und Tellern stehen, das war ja ihre Aufgabe.

Als Luise auf den Marktplatz kam, standen mehrere Frauen da, die sie alle kannte. Sie grüßte und stellte sich dazu, denn es gab sicher wieder interessante Neuigkeiten. Elisabeth Rasch und Mina Voss sprachen gerade über die Lesescheine für das Holz in den Wäldern. Es war September und alle machten sich Gedanken, wie sie zu Kohle und Holz kommen könnten. „Die Zuteilung an Holz und Kohle reicht ja nicht einmal von November bis Januar. Wie soll man denn da über den Winter kommen?“ schimpfte Mina. Und Elisabeth meinte: „Wenn man wie du Verwandschaft auf dem Dorf hat, dann hat man immer noch die Möglichkeit dort zu betteln, aber für mich als Vertriebene ist da nichts zu holen. Ich brauche unbedingt diesen Leseschein.“ Luise hatte noch gar nicht mit ihrer Vermieterin gesprochen, doch ihr war klar, dass sie beide auch mit so einem Leseschein in den Wald gehen mussten, um für den Winter vorzusorgen. Die Kohlezuteilung war aber das Wichtigste.

Plötzlich kamen vom Törle viele Menschen. Als sie vor dem Rathaus standen, bemerkte Luise einen kleinen Leiterwagen, der vom Polizisten Meier gezogen wurde. Alle Umstehenden schauten neugierig auf diesen Handwagen, dessen Ladung mit einem weißen Bettlaken zugedeckt war. Kurz vor dem Rathaus stolperte einer der vielen Neugierigen und das Gefährt stoppte heftig. Dabei fiel dann vom Leiterwagen ein Totenschädel mit einem lauten Schlag auf die Pflastersteine. Einige schrien auf, alle starrten gebannt auf den Schädel. Nun musste der Meier das Laken abnehmen. Auf dem Wagen lag der Rest des Skeletts. Er hob den Schädel des Toten auf und legte ihn behutsam zwischen Oberarmknochen und Rippenknochen. Alle riefen durcheinander, doch es war dem Polizisten gar nicht möglich zu antworten, denn viel zu viele schrien und fragten auf einmal.

Um dem Durcheinander zu entgehen zog der Polizist den Toten vor das Büro der Amerikaner hinter dem Rathaus. Sofort kam ein amerikanischer Offizier heraus. Er besprach sich kurz mit dem Polizisten. Und dann wurde das Skelett in das Haus gebracht. Man kann sich gut vorstellen, welches Durcheinander nun auf dem Marktplatz entstand. Die wildesten Vermutungen machten die Runde. Unfall, Totschlag oder Mord, alles schien möglich zu sein. Der Tote konnte ein

Naziopfer, ein ehemaliger Fremdarbeiter, ein nationalsozialistischer Lokalpolitiker, ein Volkssturmmann, oder ganz einfach ein ermordeter Liebhaber gewesen sein.

Es dauerte über eine Stunde, bis die letzten aufgeregten Zuschauer den Marktplatz verlassen hatten. Luise ging gegenüber ins Lamm, um die Gläser und das Geschirr vom Vortag abzuspülen und aufzuräumen. Immer wieder musste sie an das grausige Skelett denken. Sie hatte so etwas erst ein oder zweimal gesehen, ihr wurde beinahe etwas schlecht. Als der Wirt kam, fragte er sie nach dem Spektakel auf dem Marktplatz. Aanscheinend hatte sich die Geschichte wie ein Lauffeuer im ganzen Städtchen ausgebreitet. Dabei wurden die Vermutungen immer abenteuerlicher. So ein Vorfall macht in einer kleinen Stadt schnell die Runde, und bald wird aus einer kleinen Geschichte ein großes Drama. Luise war schon gespannt auf den Abend, denn an diesem Donnerstag war der Stammtisch mit dem Bürgermeister der Stadt und drei oder vier amerikanischen Offizieren. Luise wollte gut zuhören, um das Neueste über diesen Toten zu erfahren.

Schon um kurz vor sechs kamen einige Amerikaner in den Gastraum. Sie bestellten Eier und Speck mit Brot. Luise wunderte sich, wie oft die amerikanischen Soldaten dieses Frühstück aßen. Ob morgens, mittags oder auch abends, Speck mit Eiern war bei ihnen immer gefragt. Da der Koch erst eine Viertelstunde später kam, standen die vier Amerikaner bei Luise an der Theke. Luise verstand nur sehr wenig, denn sie konnte nur soviel amerikanisch, wie man als Bedienung brauchte. Deshalb stellte sie auch keine Fragen. Sie wusste, dass die Amerikaner unter sich bleiben wollten. Andererseits standen die Soldaten nur wegen Luise am Ausschank. Einige hatten sich schon in sie verknallt, denn mit ihren langen schwarzen Haaren und der schlanken Figur hatte sie einige Verehrer. So war es nicht verwunderlich, dass jeder einen Schnaps verlangte und dass auch Luise mit den GIs anstoßen musste. Dumm war, dass dies oft mehrmals am Abend passierte. Wenn sie ablehnte, gab es großen Tumult und großes Geschrei. Deshalb hatte sie schon oft nach zehn Uhr den Schnaps unter der Theke in ein Glas geschüttet, ohne dass dies aufgefallen wäre, doch sie war sich nicht sicher, ob dass immer gut gehen würde.

Während der Koch Speck und Eier in riesigen Portionen aus der Küche brachte, wurde es kurz noch einmal sehr laut, doch dann, während sie alle gierig aßen, war es für kurze Zeit ruhig im Lamm. Luise hoffte, dass bald die Offiziere am Stammtisch auftauchten, denn dann waren die übrigen Soldaten auch etwas leiser. Gegen halb sieben kamen dann die Herren Offiziere ins Lokal. Sie setzten sich an den Stammtisch und bestellten Bratwürste oder Schweinebraten. Sie konnten sich dieses üppige Essen leisten, doch die Bevölkerung lebte von dem wenigen, was die Lebensmittelkarten hergaben. Das war zu wenig zum Sterben und zu wenig zum Leben. Deshalb versuchten alle Bürger zusätzlich etwas zu ergattern. Einige klauten oder suchten bei Nacht Nahrungsmittelreste auf den Feldern oder in den Abfallbehältern vom Schloss. Andere tauschten teure Bücher oder Geschirr, um von den Bauern oder Bäckern etwas zu bekommen. Doch das war sehr riskant, denn der Handel auf dem Schwarzmarkt war verboten. Wer Zigaretten hatte, war reich, denn diese waren Geldersatz. Man konnte mit ihnen vieles, auch Brot und Fleisch kaufen. Verboten war alles, was die Menschen gerne gemacht hätten, z.B. Schnapsbrennen, Schlachten und Bierbrauen. Möglich war dies allerdings nur nach vorheriger Genehmigung, die jedoch nur wenige erhielten.

Als die Offiziere ihr Essen bekamen, wurde es ruhiger im Gastraum. Pünktlich um halbacht kam Friedel Kalter zur Türe herein. Er spielte jeden Abend für die Amerikaner mit seinem Akkordeon. Luise ging die Musik manchmal richtig auf die Nerven, denn die Soldaten grölten auf Englisch oft mit. Das war dann ein Höllenlärm, der obendrein nicht sehr angenehm klang. Mit ein paar Schnäpsen wurde dann aus der Lautstärke ein donnerähnliches Geräusch. Heute passte dies überhaupt nicht in Luises Pläne, denn sie wollte zuhören, wenn der Bürgermeister wie immer am Donnerstag bei den Amerikanern saß. Da wurde dann Deutsch gesprochen, so gut es die Amerikaner konnten. Einige sprachen übrigens sehr gut Deutsch, weil sie deutsche Vorfahren hatten. Und heute würden sie bestimmt über das Skelett sprechen. Luise hatte immer noch den Totenschädel vor Augen. Sie war unruhig, denn dieser Tote macht ihr Angst.

Nach dem Essen der Offiziere begann gewöhnlich Friedel Kalter zu spielen, doch an diesem Tag bekam er schon gleich am Anfang ein Bier und einen Schnaps bezahlt, weshalb er bei den Soldaten saß. So war es noch ruhig. Luise stand hinter der Theke und beobachtete das Lokal. Der Stammtisch war nicht weit weg. So konnte sie ganz gut verstehen, was da in schlechtem Deutsch und mit einigen Brocken Englisch gesprochen wurde. Natürlich begann Major Brown gleich mit der Frage an alle: „Uer uar dieser Tote?" Luise merkte sofort, dass alle, Deutsche wie Amerikaner, nicht wussten, wer der Tote war. Da niemand antwortete, stellte Lieutenant Pit Wright die nächste Frage: „Weiß man eigentlich, wie lange der Tote dort lag?" Bürgermeister Richter wollte wissen: „Wo hat man den oder die Tote eigentlich gefunden?" Luise merkte sofort, dass alle im Dunkeln tappten. Am meisten interessierte sie auch, wo man denn den Toten gefunden hatte. Mr Wright erklärte nun den Zuhörern, dass ein Wassertrüdinger Bub beim Spielen in einem Bierkeller am Eisler das Skelett gefunden hatte. Bürgermeister Richter fragte: „Ja, war der Keller nicht abgesperrt?" Lieutenant Wright erklärte: „Das Schloss am Eingang des Bierkellers war mit großer Gewalt aufgebrochen worden. Das waren bestimmt keine Buben. Seltsam ist, dass bei dem Toten keine Kleider, keine Schuhe und keine Uhr, geschweige denn eine Tasche oder ähnliches lag." Bürgermeister Richter meinte: „Da der Keller am Eisler liegt, in dem zur Zeit einige Leute Holz suchen, werden viele Leute Angst bekommen. Denn wenn sie an dem Keller vorbeilaufen wird ihnen bewusst, dass dort schon eine Frau oder ein Mann getötet worden ist. Keiner glaubt mehr an einen Unfall, alle meinen, dass der Tote ermordet wurde!"

Nun fing Friedel Kalter an zu spielen. Er begann mit dem Lied von der „Clementine", bei dem fast immer alle Amerikaner mitsangen. Sofort verstummte das interessante Gespräch. Luise ärgerte sich, denn vielleicht hätte sie noch einiges erfahren können. Doch nun nahm der Abend den üblichen Verlauf. Alle bestellten ihr zweites Bier und Luise hatte alle Hände voll zu tun. Nach dem vierten Lied und dem dritten Bier bestellten sich fast alle einen Schnaps. An diesem Abend war das Lokal wieder ziemlich voll. Deutsche kamen außer dem Bürgermeister nicht dazu, denn alle wussten, dass die Amerikaner unter sich bleiben wollten. Nur der Bürgermeister wurde einmal in der Woche zum Stammtisch eingeladen, weil seine beiden Söhne in der amerikanischen Armee dienten. Das war schon eine seltsame Geschichte.

Der Bürgermeister hatte noch vor dem Ersten Weltkrieg eine Jüdin aus Wassertrüdingen geheiratet. Ihre beiden Söhne waren wegen der Nazis in die USA geflohen. Die Eltern blieben zurück und Frau Richter musste untertauchen, um nicht als Jüdin im KZ ermordet zu werden. Ihre Söhne kamen aber am Ende des Krieges als amerikanische Soldaten nach Deutschland zurück. Sie hatten auch schon die Eltern in Wassertrüdingen besucht.

Noch einmal wurde am Stammtisch kurz über den Toten und den möglichen Mord gesprochen, denn Mr Wright erklärte Bürgermeister Richter, dass die amerikanischen Besatzungstruppen den Fall der deutschen Polizei überlassen wollten, weil es sich nach der derzeitigen Sachlage ziemlich wahrscheinlich um keinen politischen und keinen von Nazis begangenen Mord handelte. Nach einigen Schnäpsen und mehreren Liedern gingen die Amerikaner gemeinsam heim, nachdem sie bezahlt hatten. Dabei hatten einige Soldaten Luise als Trinkgeld je eine Packung Zigaretten zugesteckt. An diesem Abend spülte sie gleich ab, denn sie war sich sicher, dass sie nicht gleich einschlafen konnte. Danach schloss Georg Niedermüller hinter seiner Bedienung die Wirtschaft ab.

Die Nacht war warm und Luise war zufrieden, weil außer ihr niemand in den Gassen zu sehen war. Viele Leute gingen trotz der Aufhebung der nächtlichen Ausgangssperre in der Dunkelheit nicht mehr gerne fort, denn es gab oft Kontrollen der Amerikaner. Immer wieder schlichen fremde Leute durch das Städtchen. 1945 im Herbst waren sehr viele Menschen unterwegs, fast alle versuchten nachts voranzukommen. Einige Fremdarbeiter hatten keine Aufenthaltsgenehmigung, sie sollten in ihren Lagern bleiben, bis sie in die Heimatländer zurückgeschickt wurden, doch sie machten sich nachts auf den Weg. Manche dieser Fremdarbeiter oder Gefangenen wollten in die Dörfer zurück, wo sie zum Arbeiten hinbefohlen worden waren. Dabei hofften sie auf Hilfe von freundlichen Einheimischen, wenige suchten sogar nach einer deutschen Freundin, andere aber wollten ihren Arbeitgeber oder ihren Bauern schlagen, weil sie so schlecht behandelt worden waren. Auch waren etliche Kriegsgefangene ausgebrochen und auf dem Rückweg in ihre Heimatorte – ohne Entlassungsscheine! Außerdem waren noch viele Nazis auf der Flucht vor den Besatzungssoldaten. Die meisten mieden die Städte, aber in den Dörfern und kleineren Orten versuchten viele, Lebensmittel zu klauen oder, obwohl es verboten war, auf den Feldern Früchte oder Kartoffeln zu sammeln. Begehrt waren bei vielen auch wertvolle Gegenstände, die man zum Tauschen verwenden konnte. Es war also etwas unheimlich, alleine in der Kleinstadt um diese Zeit.

Doch an diesem Abend erreichte Luise unbehelligt den Brunnen vor der unteren Apotheke. Die dunkle Gestalt neben dem Brunnentrog kam genau auf sie zu. Sie wollte links ausweichen, doch der Fremde, der Gestalt nach war es ein Mann, änderte auch sein Richtung, so dass sie sich direkt begegneten. Luise beruhigte sich schnell, als sie sah, dass es Dave Bradshaw war, den sie schon oft bedient hatte. Er war groß, blond und immer sehr höflich zu ihr und zu allen seinen Kameraden. Einige Male hatte er ihr schon Zigaretten geschenkt. Sie merkte sofort, dass Dave hier auf sie gewartet hatte. Ihr war nicht ganz wohl. Schon oft hatte sie erlebt, wie in Wassertrüdingen die jungen Frauen angesehen wurden, die sich mit amerikanischen oder englischen Soldaten eingelassen hatten. Andererseits war Dave jedoch genau der Typ, den sie gerne sah. Da er ein wenig Deutsch konnte und meist sehr lustig war, wich sie nicht weiter aus. Dave meinte: „Soll ich das Frolein Luise nach Hause begleiten?" „Ich kann alleine gehen, aber wenn du willst, gehen wir ein bisschen gemeinsam!" Innerlich erschrak Luise über sich selbst, denn so schnell wollte sie nicht mit einem Besatzungssoldaten zusammenkommen. Doch nun standen sie beide am Anfang der stillen Gasse, und sie fühlte sich nicht einmal unwohl dabei. Dave schlug vor, noch einen Umweg zu machen, doch Luise war sehr müde. So gingen sie ganz langsam die Höllgasse entlang. Luise fragte Dave: „Hast Du auch schon von diesem Skelett gehört?" „Ja," erwiderte Dave. „Aber bei uns weiß niemand so recht, was man davon halten soll. Es könnte ganz einfach auch ein Unfall gewesen sein." Erst jetzt fiel Luise auf, dass Dave fast perfekt Deutsch sprach. „Warum kannst du so gut Deutsch?" Dave lachte: „Weil meine Oma aus einem Dorf bei Würzburg stammt. Sie hat mir Deutsch beigebracht, und sie hat mir auch viele deutsche Lieder vorgesungen, zum Beispiel ‚Maikäfer flieg'." Luise musste lachen. „Dann verstehst du auch unseren

Abb. S. 14/15: Marktplatz mit Brunnen (um 1900)

Weinrestaurant Wilhelm Lu

Dialekt.“ „Ja, natürlich, nur sprechen kann ich ihn nicht!“ antwortete Dave. Sie standen noch kurz vor Luises Haus und Dave umarmte sie. Lange blieben sie so stehen. „Gute Nacht, Dave!“ flüsterte Luise und Dave antwortete: „Gute Nacht, schlaf gut!“ Ganz benommen schloss Luise die Haustüre auf. Sie schlich leise die Treppe hinauf.

Einige Minuten später lag sie zufrieden im Bett, doch plötzlich tauchte der Totenschädel wieder in ihrer Erinnerung auf. Wer war der Unglückliche, und wen suchte sich der Mörder als nächstes Opfer aus? Ihre Gedanken kreisten wieder um diesen Schädel. Doch dann fiel ihr Dave ein. Die lange Umarmung hatte ihr gut getan, sie war plötzlich zufrieden, denn Dave war richtig nett und freundlich zu ihr gewesen. Sie spürte, dass sie ihn gerne öfter sehen wollte. War sie schon verliebt? Zu nahe waren sie sich an diesem Abend noch nicht gekommen, doch seine Nähe tat ihr gut.

Brennholz sammeln

Beim Frühstück fragte Lina, ob Luise schon einen Leseschein für das Brennholz-Sammeln hätte. Beunruhigt meinte sie: „Wenn wir kein Holz bräuchten, würde ich keinen Meter in den Baudenhard oder auf den Eisler gehen. Dieser Tote vom Eisler-Keller macht mir große Angst!“ Lina entgegnete: „Die Leiche vom Eisler bereitet mir nicht so viel Kopfzerbrechen, aber in den Wäldern hausen viele flüchtige Menschen. Wenn du auf so einen stößt, kann es passieren, dass er dich aus lauter Angst umbringt, damit du ihn nicht melden kannst! Scheußlich!“ Lina entgegnete: „Aber wir können nicht mit Polizeischutz zum Holzsammeln gehen. Ich habe Angst!“ Lina sagte schließlich: „Heute oder morgen holst du dir einen Leseschein, ich werde das auch machen. Wenn du mitgehst, dann erledigen wir das am besten gleich!“ Schnell räumten sie das Geschirr ab und gingen danach zum Rathaus.

Dort stand schon wie am Vortag eine Warteschlange von Frauen. Männer waren keine da, sie mussten alle arbeiten. Wer keine Arbeit hatte, den teilten die Amerikaner oder der Bürgermeister zum Arbeiten ein. Mehrere Brücken mussten gebaut werden, da sie am Morgen

Beim Brennholz-Sammeln

des letzten Kriegstages gesprengt worden waren. Außerdem wurden die Gleise und das Gebiet um den Bahnof wieder hergerichtet. Der Sprengtrichter, der zerstörte Bahnhof und die Bahnsteige mussten instand gesetzt werden. Wer als Mann nicht arbeitete, bekam keine Lebensmittelkarten. Nur einige ältere Mitbürger und Kinder waren von dieser Vorschrift ausgenommen. Es war schon erstaunlich, wie manche ehemalige Beamte und Parteiangehörige jetzt mit Schaufel und Schubkarren zusammen mit den anderen Leuten arbeiten mussten. Einige Parteigrößen hatten sich nach Kriegsende im Forst versteckt, da sie Angst hatten, dass die Amerikaner sie einsperren würden. Als sie dann wieder aufgetaucht waren, wurden sie mit anderen Nazis von den Amerikanern nach Hammelburg zur Umerziehung oder in Gefängnisse gebracht.

An diesem Tag waren wieder nur Frauen vor dem Rathaus. Als Lina und Luise an der Reihe waren, gingen sie zu zweit hinein, obwohl jeder einzeln gehen sollte. Da sie aber in einem Haushalt lebten, wollten sie wissen, ob jede einen eigenen Leseschein bekam. Gleich im ersten Zimmer standen sie vor einem kriegsversehrten Mann mit einem Bein, der die Lesescheine ausstellte. Er fragte nach ihren Namen und meinte: „Natürlich bekommt jede einen Leseschein, denn es muss ja für euch beide geheizt werden." Luise Reuter bereitete der Aushilfskraft aber Probleme, weil er sie nicht sofort in seiner Liste fand. Als sie ihm erzählte, dass es sie aus dem Ruhrgebiet hierher verschlagen hatte, fand er ziemlich schnell ihre Akte. Schon nach einer guten Viertelstunde waren beide Frauen fertig.: „Mina, weißt du schon mehr über den Toten vom Eisler?" fragte Lina. „Nein, das wollte ich dich auch schon fragen," antwortete diese. Allerdings erzählte sie den Frauen noch einmal das, was Luise schon gestern abend im Lamm mitbekommen hatte.

Als sie dann in der Höllgasse daheim waren, machten sie aus, dass sie am Tag darauf um acht Uhr zusammen losgehen wollten, um im Eislerwald Holz zu sammeln. Luise ging noch in ihr Zimmer und begann einen Brief an ihre Mutter zu schreiben, da diese sich viele Sorgen um Luise machte. Während des Schreibens hörte sie, wie an der Haustüre geklopft und gerufen wurde. Luise erkannte die Stimme, es war der alte Mahler, der Lina öfter besuchte. Ihre Eltern waren vor langer Zeit befreundet gewesen, so hatten sich die beiden nicht aus den Augen verloren, sie trafen sich ab und zu. Lina schrie die Treppe nach oben, ob Luise mit ihnen einen Kaffee trinken wollte. Luise machte die Tür im oberen Gang auf und sagte sofort zu, denn sie hoffte, dass Mahler mehr von dem mysteriösen Verbrechen wusste. Mahler war nach dem Krieg als ehemaliger Polizist als Helfer auf dem Rathaus angestellt worden, owohl er schon im Rentenalter war. Als sie in die Küche kam, fragte Lina gerade Ernst Mahler, wo im Eisler noch Holz zu finden sei, da sie ja morgen selbst suchen wollten. Er gab den beiden Frauen den Tipp, auf der Südseite des Eisler auf halbem Weg Richtung Geilsheim nach Holz zu suchen, denn auf dieser Seite ginge ein ganz schlechter Feldweg entlang, den man mit dem Fahrrad nicht gut fahren könne. Viele Frauen und alte Leute nahmen das Fahrrad mit, da man damit mehr Holz heimbringen konnte. Luise fragte dann, weil sie ihre Neugier nicht mehr zügeln konnte, ob der Tote einem Unfall oder einem Verbrechen zum Opfer gefallen war. Mahler antwortete: „Man weiß jetzt sicher, dass es ein Verbrechen gewesen sein muss, denn der Tote hatte am Hinterkopf ein Loch von einem schweren Schlag." Luise schluckte, denn diese Nachricht beruhigte sie bestimmt nicht, im Gegenteil, ihre Unruhe und Angst steigerten sich noch. Lina meinte dazu: „Das ist ja schrecklich, wir leben in gefährlichen Zeiten. Der Fallinger erschoss aus Furcht vor den Amerikanern seine vier Kinder, seine Frau und sich selbst. Dann geschah noch die Explosion eines Munitionslastautos der Amerikaner, die daruf eine genaue Durchsuchung aller Häuser dirchführten. Und wir sollen morgen im Eisler neben dem Fundort der Leiche Holz sammeln. Ernst, ich habe furchtbar Angst." Der Kaffee schmeckte wie immer, ein bisschen verbrannt und bitter, sonst aber ohne Geschmack. Nur mit Zucker konnte man die heiße Brühe etwas besser genießen.

Doch Ernst Mahler bat Lina schon um eine zweite Tasse. „Ich war heute früh auf Streife, um meine Kollegen zu entlasten. Weil dein Kaffee so gut schmeckt, werde ich morgen meinen täglichen Rundgang zum Eisler machen. Wann geht ihr los?" Lina sagte erfreut: „Das willst du für uns machen? Da fällt mir ein Stein vom Herzen. Wir gehen um acht Uhr los und gehen auf der Schobdacher Seite Richtung Geilsheim, so wie du gesagt hast!" Ernst Mahler antwortete: „Dann bin ich gegen 9 Uhr auch dort. Meinen Rundgang mache ich dann für längere Zeit dort oben. Manchmal findet man ja in den Wäldern das Nachtlager von irgendwelchen Leuten. Es ist furchtbar, wer alles auf der Flucht ist. Es treibt sich viel Gesindel durch unsere Gegend. Oft sind es aber auch ehemalige Gefangene oder entlassene Soldaten, die zum Teil ohne Papiere auch nachts unterwegs sind. Ich werde sehen, ob mein Freund Otto auch mitkommt, denn mit seinem Hund haben wir schon mehrmals Schlafende gefunden, die im Wald tagsüber versteckt lagen. Wenn wir mit dem Hund kommen, dann seid ihr noch sicherer!" Lina sagte darauf: „Du kannst in Zukunft jeden Tag zum Kaffeetrinken kommen." Luise bedankte sich bei dem ihr fremden Mann, denn auch ihr war nun bedeutend wohler. Als Ernst Mahler gegangen war, sprachen die beiden Frauen noch über den morgigen Tag. Jede durfte so viel Holz mitnehmen, wie sie tragen konnte. Trotzdem wollten sie ein Fahrrad mitnehmen, denn dann ist das Tragen leichter, und man braucht auf dem Heimweg nicht so oft abzusetzen.

Luise musste an diesem Tag schon um 11 Uhr im Lamm sein, denn sie hatte ihren langen Tag bis um zehn Uhr nachts. Sie war ganz gern schon am Mittag bei der Arbeit, denn um zwei Uhr bekam sie vom Wirt ein gutes Mittagessen, das auch immer sehr reichlich war. An diesem Tag waren mittags nur zwei amerikanische Offiziere da, die sich aber leise auf Englisch unterhielten. Zum Kaffee waren zwei Besatzungen mit Jeep vorgefahren, doch trank nur einer Kaffee, die anderen wollten Wein und Speck mit Eiern. Als sie die Soldaten bediente, wurde ihr von dem vielen Speck mit Eiern fast schlecht, denn sie sah und roch dieses Essen jeden Tag mehrmals. Abends war das Lokal wieder voll. Deutsche waren nicht zu sehen, doch Luise freute sich, weil Dave mit einem anderen Soldaten auch da war. Er saß in der Nähe des Ausschanks, und sie merkte, dass er sehr, sehr oft zu ihr schaute. Es war ihr nicht unangenehm. Als sie dann etwas früher als am Abend vorher gehen durfte, saßen noch einige Soldaten vor ihrem Bier. Doch Georg meinte: „Das war heute Dein langer Tag. Du kannst gehen!“ Dave hatte nicht erwartet, dass sie so bald gehen würde, deswegen blieb ihm nichts anderes übrig, als seinen Bierkrug auf einmal zu leeren. Luise freute sich, als sie sah, dass er das mühelos ihr zuliebe schaffte. Vor dem Lamm ging sie sehr langsam los und schon nach einigen Schritten hatte Dave sie eingeholt. „Das trifft sich ja gut“, meinte er, „denn der Heimweg ist heute etwas länger!“ Luise war glücklich, denn Daves Gegenwart beruhigte sie, machte sie aber auch gleichzeitig nervös.

Heute schlug Luise Dave vor, über den Linsenmarkt zu gehen, weil sie so durch sehr kleine Gässchen kamen. Worüber sie auf dem Weg gesprochen und gelacht hatten, wusste Luise am nächsten Tag nicht mehr, aber dass sie sich drei- oder viermal umarmt hatten, daran erinnerte sie sich genau. Die Verabschiedung neben ihrem Haus hatte auch länger gedauert. Zwischen Linas Haus und dem Nachbarhaus war ein Zwischenraum, den man in Wassertrüdingen „Winkel“ nannte. Er war mit einer einfachen Holztür verschlossen, die etwas nach innen versetzt war. Luise hoffte, dass ihre Vermieterin nicht alles mitbekam, was vor dem Haus ablief, doch sie konnte und wollte vor ihr die Freundschaft mit Dave nicht geheimhalten. Über kurz oder lang würde sie von der Freundschaft ja doch erfahren. Außerdem, da war sich

Luise sicher, gönnte sie ihr den amerikanischen Freund, auch wenn die Nachbarschaft da zum großen Teil anders dachte. So flüsterten sie noch ein bisschen miteinander, und zum Abschluss umarmten sie sich noch sehr fest und wünschten sich nach einem langen Abschiedskuss beide eine „Gute Nacht". Als Lusie im Bett lag, schlief sie nicht gleich ein, doch das Erlebte machte sie richtig froh. Sie hatte Angst, wenn sie an Amerika dachte, doch vielleicht würde alles anders kommen.

Beim Frühstück waren Lina und Luise zuerst sehr still. Jede hatte ein ungutes Gefühl, denn am Eislerwald war ja der Tote gefunden worden. Lina unterbrach das Schweigen, doch was sie sagte, verwirrte die beiden Frauen noch viel mehr. „Ich habe heute Nacht sehr schlecht geschlafen, weil ich einen furchtbaren Traum gehabt hatte, von dem ich nicht mehr losgekommen bin!" Lina war sehr aufgeregt und fuhr fort:

„Stell dir vor, der Tote könnte mein Sohn Karl sein. Ich glaube fast, dass er es ist, denn seit letztem Januar habe ich nichts mehr von ihm gehört. Er ist ja auch nicht in seiner Einheit aufgetaucht. Ich muss heute noch mit Ernst reden. Als ehemaliger Polizist kann er vielleicht herausbringen, was die Wassertrüdinger Polizei dazu sagt!"

Luise war der Gedanke so grauenvoll, dass ihr der Bissen Brot fast im Mund stecken blieb. Natürlich, das könnte das Skelett von Karl sein. Furchtbar! Wie sollte sie Lina beruhigen. „Ich weiß nicht was ich sagen soll. Es ist auf jeden Fall gut, mit Herrn Mahler darüber zu sprechen, denn die Ungewissheit nagt sehr an dir. Auch wenn es Karl sein kann, es ist doch sehr unwahrscheinlich!" Während sie noch verzweifelt am Frühstückstisch saßen, klopfte es am Fenster. Ernst Mahler kam, weil er bei den beiden Frauen eine Tasse Kaffee trinken wollte. „Grüßt euch, habt ihr für euren Begleiter auf den Eisler noch eine Tasse Kaffee?" Natürlich bekam er eine Tasse. „Um halbzehn Uhr treffen wir uns an der Schobdacher Unterführung mit Otto. Er kommt mit seinem Schäferhund!"

Als keine der Frauen am Tisch etwas sagte, fragte er:"Was ist denn heute mit euch los? Ihr redet doch sonst auch gern mit mir?" Da brach es aus Lina heraus: „Du musst mir helfen, ich habe sonst niemand, der mir helfen könnte!" „Nur langsam, meine Liebe. Wie soll ich dir denn helfen?" Lina konnte sich kaum beruhigen: „Mein Sohn - mein Karl. Ich werde seit heute nacht den Gedanken nicht los, dass mein Sohn das Skelett vom Eisler ist. Furchtbar!" Lina fing zu schluchzen an. Luise stand auf und nahm ihre Vermieterin in den Arm. Ernst versuchte sie zu beruhigen: „Nur langsam, das kann kaum sein, jedenfalls ist es sehr unwahrscheinlich, denn der Tote lag in dem Keller schon seit Februar." Lina begann noch lauter zu weinen: „Das ist ja das Schlimme, denn seit Januar habe ich nichts mehr von ihm gehört. Was soll ich nur machen?" Ernst dachte nicht lange nach. „Ich werde mich gleich heute Mittag darum kümmern, wenn wir vom Eisler zurück sind," antwortete er. „Das verspreche ich dir! Ich glaube ja nicht, dass Karl gestorben ist, denn in diesen Zeiten sind sehr viele Menschen vermisst und verschollen. Er wird schon wieder auftauschen. Damit du wieder schlafen kannst, werde ich aber heute nachmittag auf der Polizeistelle mit den Polizisten reden. Dann weißt du Bescheid!" Lina konnte sich kaum beruhigen. Ernst berichtete genauer und versuchte auf diese Weise Lina zu beruhigen: „Weil es im Eisler-Keller viele Ratten, Mäuse und auch Ameisen gibt, glaubt der amerikanische Militärpolizist, dass der Tote seit Februar in diesem feuchten Keller liegt! Außerdem hatte der Besitzer des Eisler-Kellers in einer Befragung durch Polizisten versichert, dass er auf einem Kontrollgang kurz nach Neujahr in seinem Bierkeller nichts Besonderes gesehen hatte." Diese Erklärung beruhigte Lina überhaupt nicht, aber es war gut, dass sie heute zum Eisler gingen, denn das lenkte die unruhige Mutter etwas ab.

Als der Tisch abgeräumt war, holten sich die Frauen noch eine Jacke. Zusammen mit Ernst gingen sie über die Frankenstraße zur Schobdacher Bahnunterführung. Da sie etwas früher dran waren, hatten sie Otto verpasst, aber Ernst meinte, dass Otto mit seinem Schäferhund sicher nachkommen würde. Luise schob das alte Fahrrad. Nach dem Überqueren des kleinen Stegs über den Schobdacher Bach begann Lina wieder zu weinen, denn einige Meter weiter links war der Bierkeller, in dem man vor zwei Tagen die Überreste eines Menschen gefunden hatte. Ernst versuchte mit ihr über Leseplätze für Brennholz zu sprechen, doch Lina beruhigte sich erst wieder etwas, als sie durch die Allee den Berg hinaufgingen. Sie brauchte ihre Luft zum Atmen,

Der Einfaltskeller, ein Bierkeller an der Ansbacher Straße. Der Keller am Eisler, ähnlich wie dieser, ist inzwischen zugeschüttet worden.

so beruhigte sie sich wieder. Erfreulicherweise trafen sie kaum jemand, der auf Holzsuche war, doch als sie am Eislerwald südlich entlang gingen, kamen ihnen drei Frauen mit Brennholz entgegen. Nach kurzer Begrüßung und einem Gespräch über den Skelettfund gingen Lina, Luise und Ernst weiter. Nun begann die Suche nach Brennholz, was sehr schwierig war, da entlang des Wegs schon alles abgesucht war. Nach einigen hundert Meter gingen sie in den Wald hinein. Ernst schlenderte ungefähr 60 m in den Wald, Lina 40 m und Luise 20 m. Luise musste auf dem Waldboden das Fahrrad schieben, was anstrengend war. So gingen sie im Wald weiter, doch es war kein Restholz zu sehen. Nach einer Viertelstunde, rief Lina Ernst zu: „Sollen wir woanders suchen?“ Doch Ernst rief zurück: „Meine Kollegen meinten, dass hier noch etwas zu finden sein müsste.“ Kurz darauf schrie er den Frauen zu: „Kommt zu mir. Hier liegt noch Holz herum!“ Und wirklich, sie fanden nun genügend Holz, das sie etwas abknickten, so dass es in drei schöne Holzbündel passte. Während Ernst drei mitgebrachte Schnüre um die Holzbündel schnürte, tauchte plötzlich der Schäferhund von Otto auf. Und kurz danach kam Otto mit zwei alten Gewehren und einem alten, schmutzigen Rucksack. Lina schaute sich diesen alten Tragebeutel ganz besorgt an, doch sie kannte diesen Rucksack nicht. Zufrieden machten sie aus, dass sie sich in der nächsten Woche wieder einen Leseschein besorgen wollten. Lina bat Ernst, bald wieder mit ihnen zu gehen, denn dann hätten Luise und sie nicht so viel Angst. Auf dem Rückweg am Waldrand stöberte der Hund noch ein Essgeschirr der Wehrmacht auf, das aber schon rostig war. Otto erzählte, dass er vor zwei Wochen einen schlafenden Ausländer gefunden hatte, den er den Amerikanern übergeben hatte. Sie steckten ihn sofort in ein Lager, wo alle ehemaligen Ostarbeiter leben mussten, bis sie wieder in ihre Heimatländer abgeschoben wurden. Für Lina war es ein schrecklicher Weg, denn sie mussten wieder nahe am Bierkeller vorbei. Luise hätte sie gerne in den Arm genommen, aber sie musste das Fahrrad mit zwei großen Holzbündeln schieben. Ernst hatte keinen Arm frei, denn er musste sein Holz tragen. Nur Otto hatte kein Holz, denn er hatte in dieser Woche schon mit seinem Leseschein gesammelt. Mit lautem Schluchzen ging Lina über den Steg und durch die Bahnunterführung zurück in die Stadt. An der Oettinger Straße verabschiedeten sich die beiden Frauen von Ernst und Otto. Ernst Mahler versprach, möglichst bald in der Höllgasse vorbei zu kommen, um von den Ermittlungen zu berichten.

Vermisste und Herumtreiber machen den Menschen Angst

Luise und Lina aßen gemeinsam zu Mittag. An diesem Tag hatte es wie so oft Rosenkohl mit Kartoffeln gegeben. Gemüse und Kartoffel gab es oft, Fleisch und viele andere begehrte Lebensmittel bekam man nur ganz selten, auch wenn etwas Fleisch und Fisch auf den Lebensmittelkarten standen. Viele Wassertrüdinger versuchten durch Betteln bei den Bauern oder auf dem Schwarzmarkt zusätzlich zu den schmalen Rationen auf den Lebensmittelkarten noch Butter, Speck, Eier und vieles mehr zu ergattern. Kaffee gab es auch nur ganz wenig, doch wie Lina machten viele aus getrockneten und gerösteteten Bucheckern oder Eicheln Kaffee, der zwar nicht wie Kaffee schmeckte, der aber trinkbar war. Auf dem Schwarzmarkt zu handeln war verboten. Man durfte sich nicht erwischen lassen, weshalb viele Mütter ihre Kinder anhielten, mit Zigaretten oder ähnlichem zu handeln, denn Kinder wurden nicht eingesperrt. Manche Bauern wollten für Speck,

Fleisch und Blut- bzw. Leberwürste Porzellan, Bücher oder gutes Geschirr. Da war es gut, dass Lina hinter ihrem Haus in der Höllgasse ein kleines Gärtchen hatte, das für die zwei Frauen nicht ganz reichte, doch mit den Zigaretten und dem Kaffee, welche Luise im Lamm geschenkt bekam, waren sie in der Lage, sich mehr Brot und Milch zu besorgen, als ihnen durch die Lebensmittelmarken zustanden.

Als sie gerade das Geschirr abspülten und abtrockneten, klopfte Ernst am Fenster. Luise hatte gehofft, dass er bald kam, denn ab 2 Uhr musste sie wieder zur Arbeit ins Lamm. Lina rannte, als sie ihm die Tür öffnete. „Komm rein und setz dich!" forderte sie ihn auf. Luise meinte: „Ich mache für uns drei Kaffee." Ernst ließ sich nicht lange bitten und begann zu erzählen. Lina hing an seinen Lippen. „Vor einigen Tagen hat der Landrat im Auftrag der Amerikaner in jedem Dorf die Bürgermeister aufgefordert, Meldung über alle Vermissten und den Zeitpunkt ihres Verschwindens zu machen!" Er räusperte sich und fuhr dann fort: „Natürlich haben noch nicht alle ihre Meldungen abgegeben, aber es waren bis jetzt schon über zwanzig Personen, die seit Jahresanfang verschwunden sind." Luise stellte drei Tassen mit Buckeckern-Kaffee auf den Tisch und setzte sich dazu. Lina fragte: „Ist der Gefundene dabei?"

„Das ist sehr schwer zu sagen," fuhr Ernst fort. „Die meisten verschwundenen Personen waren männlich und zwischen 170 cm und 178 cm groß. Ich hatte nicht gedacht, dass so viele Menschen vermisst werden, aber die Zeiten vor und nach Kriegsende sind so unruhig, dass man sich nicht zu wundern braucht. - Woraus machst du deinen Kaffee? Er schmeckt wirklich nicht schlecht." „Der wurde mit gerösteten Bucheckern gemacht. Was haben sie zum Trüdinger Fall gemeint?" Ernst erwiderte: „Dazu konnten sie auch nichts sagen, aber nun sollen von allen Vermissten die Zahnärzte gesucht werden, die dann mit Hilfe des Gebisses Personen ausschließen können. Und wenn die Polizei Glück hat, dann kennt einer der Zahnärzte das Gebiss und damit den Vermissten. Bei wem war Karl in Behandlung?" Lina überlegte kurz und antworterte: „Karl war in seinem Leben höchstens dreimal beim Zahnarzt. Da wird sich Dr. Segmüller nicht an sein Gebiss erinnern. Ich meine, Karl hatte nur eine einzige Plombe bekommen, als er sechzehn war."

Luise machte sich auf den Weg zum Gasthaus zum Lamm, denn in einigen Minuten begann ihre Arbeitszeit. Sie war froh in der Nähe des Kirchturms zu wohnen, denn da wusste sie auch ohne Armbanduhr immer genau die Zeit. Im Lamm war wie üblich nachmittags nichts los. Deshalb machte sie für ihren Chef und für sich einen guten Kaffee, dazu hatte sie noch ein in Fett herausgebackenes „Kissen“, wie man in der Hesselberggegend zu Krapfen sagte. Luise liebte diese Nachmittage, denn da konnte sie sich mit ihrem Chef Georg unterhalten. Der Kaffee von den Amerikanern war gut. Georg wusste einige sehr interessante Einzelheiten zu dem Fall des Toten vom Eisler. Er erzählte wie Ernst, dass am Landratsamt mehr als zwanzig Meldungen von Vermissten aus dem letzten halben Jahr eingegangen waren. Von einem Fall berichtete er genauer, dabei blieb Luise fast das Herz stehen. Die Sache mit dem Toten, hatte sie viel mehr verwirrt, als sie sich eingestehen wollte. Der Eisler-Tote könnte nach Meinung von Georg ein Ostarbeiter aus Röckingen gewesen sein. Dieser Ukrainer war bei einem Bauern im Nachbarort beschäftigt gewesen und öfter aufgefallen. Anscheinend war der Bauer mit ihm nicht zufrieden gewesen, da dieser Ostarbeiter ihm sehr oft widersprochen und sich mehrmals bei der Gemeindeverwaltung von Röckingen über seinen Bauern beschwert hatte. Seit letztem Februar war er jedenfalls verschwunden. Niemand wusste, wo er abgeblieben war. Luise dachte sich, wenn er nicht der Tote ist, dann treibt er sich ja noch in der Gegend herum, diese Vorstellung war für sie noch schlimmer als der mögliche Tod dieses Fremdarbeiters. Für ihre Vermieterin wäre es aber gut gewesen, wenn man genau wüsste, ob er dieser Tote vom Eisler war.

Ab fünf Uhr saßen zwei amerikanische Fahrer im Lokal, die aber nur wenig Bier tranken, doch nach sechs Uhr füllte sich die Wirtschaft wie jeden Tag. Viele hungrige Amerikaner saßen da und wollten möglichst schnell ein German Bier. Dazu bestellten die meisten Bratwurst oder Schinken mit Ei. Gemüse und Mehlspeisen wurden nur selten am Abend bestellt. Wenn der Lammwirt dicke Bohnen gehabt hätte, wäre er von den GIs gefeiert worden, doch dieses Gemüse war in Franken noch nicht so verbreitet. Bei Luise wurden oft Bohnen bestellt, und sie musste jedes Mal erklären, dass dicke Bohnen hier nicht üblich waren. Luise hatte alle Hände voll zu tun. Als dann die meisten gegessen hat-

Stammtisch der Lammwirtschaft (um 1935)

ten, saßen viele schon vor ihrem dritten Bier. Luise wusste, dass nun die Schnapsrunden kamen. „Snaps“ konnten die amerikanischen Soldaten sagen, doch sie tranken meistens zu viel, was nicht so gut war.

Für Luise wurde der Abend dann noch interessant, aber auch beunruhigend. Sie stellte sich neben den Stammtisch, weil dort ein Sergant von zwei Männern im Hahnenkamm erzählte. Diese trieben sich im Wald und in verschiednen Scheunen herum. Sie lebten von Einbrüchen in Bauernhäuser. Dreimal wurden sie schon von den Bewohnern erwischt, aber da die meisten Bauern noch nicht daheim waren, schlugen sie die Frauen oder die alten Männer immer brutal nieder. Seit über drei Wochen versuchten nun die Polizei und die amerikanische Militärpolizei, die beiden zu schnappen. Noch viel schlimmer für sie war, dass der Sergant mit der Vermutung seine Erzählung beendete, dass die Behörden annehmen, dass sie sich nun im Forst und in der Hesselberggegend herumtreiben. Luise durfte gar nicht dran denken. Wenn sie heute um elf Uhr nachts heimging, könnten die zwei sie abpassen und in ihr Haus eindringen.

Vom Forst aus war es nicht weit über die Bürg bis in die Höllgasse. Dave war heute noch nicht da, deshalb war sie etwas besorgt. Georg merkte schon, dass seine Bedienung nicht so recht bei der Sache war. Als dann drei Teller in der Küchentür auf den Boden fielen und zersprangen, schimpfte er. Luise blieb sehr unruhig und unkonzentriert. Der Sergant hatte jetzt auch seinen zweiten Schnaps, so erzählte er wenigstens nicht noch andere Schauergeschichten. An diesem Abend kamen keine höheren Offiziere in das Gasthaus, was Luise bedauerte, denn sie hätten vielleicht mehr gewusst.

Beim Geschirraufräumen in der Küche hörte sie, wie Georg einem Amerikaner sagte, dass schon geschlossen sei. Sie erkannte Daves Stimme. Sofort rannte sie zur Tür und bat ihn herein. Georg bemerkte, dass seine Luise mehr von diesem GI wollte. Er hatte zwar nichts von ihm gewusst, doch es war ihm recht, er gönnte Luise diesen Freund. Deshalb schenkte er auf Kosten des Hauses Dave noch ein Bier ein. Im Nu war Luise mit dem Abräumen fertig und setzte sich noch kurz zu Dave, der schnell merkte, dass Luise schon ganz sehnsüchtig auf ihn gewartet hatte. Aufgeregt fragte sie ihren amerikanischen Freund, ob er etwas von den Streunern vom Hahnenkamm wüsste. Nachdem sie ihm das Wort „Streuner“ erklärt hatte, meinte er nur: „Davon habe ich schon gehört. Aber ich gehe doch jeden Abend mit Dir heim! Du brauchst dir keine Sorgen zu machen.“ Während sie dann Arm in Arm die Marktstraße hinunter gingen, schaute Luise doch in jede Seitengasse. Sie war trotz der Begleitung noch sehr unruhig. Beim Einbiegen in die Höllgasse meinte Dave: „Du bist heute so nervös. Deshalb mache ich dir einen Vorschlag. Bei allen Hausnummern mit geraden Zahlen küssen wir uns.“ Luise dachte nicht lange nach und begann mit dem ersten Kuss. Als sie dann vor ihrem Haus standen, fanden beide heraus, dass die Höllgasse so kurz sei. Deshalb gingen sie am Haus vorbei und auch noch um die Kurve bis zum Gasthaus zum Hirschen, denn die Höllgasse ging so weit. Die Küsserei hatte zur Folge, dass Luise plötzlich viel ruhiger war. Sie gingen noch zusammen zurück zu ihrem Haus und verabschiedeten sich. Es war ein schöner Heimweg gewesen. Im Bett nahm sich Luise vor, dass sie die Höllgasse morgen mit einem Kuss vor jedem Haus zurücklegen würden. Mit diesem schönen Gedanken schlief sie zufrieden ein.

Beim Frühstück am nächsten Morgen kam schon wieder der pensionierte Polizist Ernst Mahler vorbei. Anscheinend schmeckte ihm nicht nur der Kaffee, ihm gefiel auch Lina immer besser. Luise fragte ihn nach den weiteren Ermittlungen. Er wusste von mehreren anderen verschwundenen Personen. Ernst meinte, der folgende Fall könnte auch zu dem Toten vom Eisler passen. In Wittelshofen war eine evakuierte Familie aus dem Ruhrgebiet. Sie hatte im vergangenen Winter Besuch aus ihrem Heimatort bekommen. Der etwa dreißigjährige Mann war bei Eiseskälte mit dem Fahrrad angekommen. Nach zwei oder drei Tagen war er in der Früh plötzlich nicht mehr da. Sein Fahrrad stand noch auf dem Hof, aber er und sein Rucksack waren verschwunden. Die Sache war sehr mysteriös, weil er ein entlassener Gefangener der Engländer war, der eine offizielle Entlassungsurkunde bei sich getragen hatte. Die Polizei vermutete deshalb, dass er vielleicht erschlagen wurde, weil jemand diese Urkunde rauben wollte. Sie war ja ein Freibrief für Entflohene oder für Deserteure. Lina und Luise waren ganz verwirrt, denn es gab so viele Vermisste. Aber für Lina waren all dies keine Beruhigung, denn der Tote vom Eisler konnte trotz allen anderen Vermissten ihr Sohn Karl sein.

Unruhige Tage

Zwei Tage danach machten sich Lina und Luise auf, um im Rathaus die Lebensmittelmarken abzuholen. Dazu mussten alle Erwachenen selbst kommen. Auch wenn die Schlange vor dem Rathaus sehr lang war, kam man meistens nach 20 bis 30 Minuten dran. Vor ihnen standen Bäckermeister Fritz Feld und Schneidermeister Meggi Orthmeier. Beide unterhielten sich über den Toten vom Eisler. Orthmeier meinte: „Schade, dass die Nazis nicht mehr da sind. Die hätten mit diesem Spuk schnell aufgeräumt und der Mörder säße bestimmt schon hinter Gittern." Bäckermeister Fritz Feld, stellte fest, dass ihm die Befreiung durch die Amerikaner richtig gut gefallen habe. Er sagte: „Manche Schlägerei und mancher Totschlag sind von den Nazis vertuscht worden, besonders wenn Nazis selbst die Verdächtigen gewesen waren. Nur gut, dass das ‚Tausendjährige Reich' nur zwölf Jahre gedauert hat." Es war günstig, dass niemand in der wartenden Reihe sich einmischte, denn die beiden blieben bei ihren Behauptungen. Die Frauen hinter

Luise und Lina fragten, ob die beiden etwas über den Toten vom Eisler wüssten. Lina antwortete: „Wir sind selbst ganz beunruhigt, aber die Polizei hat außer einigen Vermutung nichts in der Hand!" „Das ist ja furchtbar! Man traut sich kaum mehr auf die Straße. Es gibt so viele dunkle Gestalten in den Wäldern und nachts auf den Straßen und Wegen. Sie kennen doch Ernst Mahler, er war früher Polizist. Weiß er auch nicht mehr?" Lina erzählte von der Befragung der Bürgermeister und von einigen möglichen Fällen, doch ihr Bericht regte die Frauen hinter ihnen noch mehr auf. Einige junge Frauen kamen nun dazu. Luise hörte, wie die Neuangekommenen leise über sie redeten. Diese häufige Rederei wurde für sie immer unerträglicher. „Amischlampe" und Schlimmeres wurde über die Frauen und Mädchen geschimpft, die sich mit einem Amerikaner einließen. Lina versuchte Luise immer zu beruhigen, doch das gelang ihr nicht. Das Schimpfen über andere Menschen ist für manche ein „reines Vergügen." Schwarzhandel mit den Amerikanern oder mit den Engländern bedeutete auch nichts anderes, als dass sich Deutsche mit den Besatzern einließen, doch dieses Delikt wurde nicht nur toleriert, es wurde bewundert.

Lina und Luise kamen ziemlich schnell an die Reihe. Die Rationen der Lebensmittelmarken waren sehr knapp bemessen. Selbst Luise wurde davon nicht satt. Junge Männer, die Schwerarbeit leisten mussten, bekamen zwar mehr, aber fast alle hätten viel viel mehr essen wollen.. Nach dem Besuch im Rathaus ging Luise gleich gegenüber in die Lammwirtschaft, denn kurz danach begann ihre Arbeit. An diesem Mittag war nicht viel Betrieb. Drei Jeep-Besatzungen und zwei Soldaten aus der amerikanischen Schreibstube von gegenüber aßen ihr zweites Frühstück: Speck mit Eiern. In der Mittagspause war es sehr ruhig im Städtchen und in der Wirtschaft. Georg und seine Bedienung tranken zusammen Kaffee. Der Wirt begann mit Luise ein Gespräch über ihren Freund Dave. Er machte Luise keine Vorwürfe, aber er wollte ihr erklären, welche Möglichkeit sie und ihr Dave hatten. „Wenn Du mit ihm gehst, musst Du noch zwei- bis dreimal in anderen deutschen Städten wohnen, denn er muss seinen Dienst mit seiner Einheit in Deutschland weiter machen. Alle vier bis sechs Wochen wechseln die Besatzungseinheiten die Orte, damit keine zu festen Bindungen zwischen den Soldaten und den Einheimischen entstehen."

Gültig vom 6. April bis 26. Juli 1942

Reichskarte 35–38

für Marmelade (wahlweise Zucker)

EA.: Dinkelsbühl

Name:

Wohnort:

Straße:

Ohne Namenseintragung ungültig — Nicht übertragbar

Der Versorgungsberechtigte kann je Zuteilungsperiode entweder 700 g Marmelade (Obstkonfitüre, Marmelade, Pflaumenmus, Obstgelee, Rübenkraut (Rübensaft) oder Obstkraut) oder 350 g Zucker beziehen. Gemäß seiner Wahl ist beim Bezuge von Marmelade der für die betreffende Zuteilungsperiode bestimmte seitwärts angebrachte Bestellschein für Marmelade mit dem Eckenabschnitt, beim Bezuge von Zucker der entsprechende am oberen oder unteren Rand befindliche Bestellschein für Zucker ebenfalls mit dem Eckenabschnitt abzutrennen. Ein Bestellschein ohne Eckenabschnitt ist ungültig.

Die Einzelabschnitte sind zum Bezuge von Marmelade nur innerhalb des aufgedruckten Zeitraums gültig. Zucker kann bis zur Gesamtmenge von 1400 g in der Zeit vom 6. April bis 26. Juli 1942 nach Belieben des Verbrauchers unabhängig von der Gültigkeitsdauer der Abschnitte jederzeit bezogen werden.

35 Bestellschein für 700 g Marmelade a

36 Bestellschein für 700 g Marmelade b

37 Bestellschein für 700 g Marmelade c

38 Bestellschein für 700 g Marmelade d

Lebensmittelkarte für Marmelade bzw. Zucker (1942)

Luise hatte sich noch nicht sehr viele Gedanken gemacht, denn alles, was ihr zur Zukunft mit Dave einfiel, waren Probleme. Also dachte sie nicht zu viel darüber nach. Den Gedanken, dass Dave vielleicht in der Nähe von Würzburg bleiben würde, weil er dort entfernte Verwandte hatte, verwarf sie schnell wieder, denn für einen Amerikaner war Deutschland ein sehr armes Land, das nach einem verlorenen Krieg sicher noch lange wirtschaftliche Probleme haben würde. Georg fuhr fort: „Du müsstest sehr gut Englisch lernen, denn über kurz oder lang, vielleicht in drei Jahren müsstest Du mit ihm nach Amerika gehen!“ „Das kann ich mir gar nicht vorstellen,“ antwortete Luise. „Vielleicht gibt es doch eine Möglichkeit, dass Dave in Deutschland bleibt!“ Aber sie glaubte selbst nicht recht an das, was sie gesagt hatte.

Gegenüber am Rathaus entstand Unruhe und Lärm. Luise eilte hinaus und sah Ernst auf der Rathaustreppe stehen. Neben ihm stand Otto mit seinem Schäferhund. Die Aufregung wurde noch größer, als ein amerikanischer Soldat aus der Rathaustüre kam. Er fragte Ernst Mahler: „Was du hast in deiner Hand?" Der antwortete: „Unser Hund hat diesen Rucksack im Eisler gefunden, ungefähr vierhundert Meter vom Fundort des Skeletts entfernt!" Ernst, der amerikanische Soldat und Otto gingen ins Rathaus, nachdem sie den Schäferhund an eine Stange gebunden hatten, die dort zum Anlehnen von Fahrrädern angebracht worden war. Luise fragte einen alten Mann, ob er erkennen konnte, ob der Rucksack von einem Soldaten stammte oder vielleicht von einem Ostarbeiter. „Es war ziemlich sicher der Rucksack eines deutschen Landsers," sagte er. Als Luise ins Gasthaus Lamm zurückging, dachte sie an Lina, deren vermisster Sohn Karl bei den Soldaten gewesen war. Das war bittter, doch vielleicht konnte Ernst Mahler in den Rucksack hineinschauen, damit er sagen konnte, ob es vielleicht der Rucksack von Karl sein könnte. Als sie darüber mit ihrem Chef sprechen wollte, meinte der nur, dass der Tote vom Eisler wahrscheinlich ein Ostarbeiter war, denn die waren im letzten Winter sehr oft in Raufereien und Schlägereien verwickelt. Luise fühlte wieder eine nicht zu beschreibende Unsicherheit, die ihr schon fast wie eine starke Angst die Kehle zuschnürte. Georg versuchte sie zu beruhigen. „In eine paar Tagen wird die Polizei schon Genaueres wissen, dann schläfst Du wieder besser."

Wegen des Rucksacks hatte Luise schon beinahe das Gespräch über Dave und Amerika vergessen. Sie musste sich eingestehen, dass sie zwar schon an das fremde Land jenseits des Ozeans gedacht hatte, aber mit dem Gedanken an diese schwierige Sprache hatte sie sich bis jetzt noch nicht befasst. Das war nicht leicht, denn sie sah jeden Tag, wie schwer es für die Amerikaner war, sich Deutsch anzueignen. In Wassertrüdingen gab es bestimmt acht oder neun Mädchen, die mit einem Engländer oder mit einem Amerikaner gingen. Sie wurden alle fast wie Verbrecher behandelt. Die alten Nazis sagten: „Eine Deutsche verliebt sich nicht in einen Feind!" Und andere behaupteten, dass diese Mädchen sich nur deshalb mit den Ausländern abgaben, weil sie dafür Geld, schöne Kleider und Lebensmittel bekamen.

An diesem Nachmittag war im Lamm mehr Betrieb als üblich. Als Luise einigen Soldaten Kaffee und Gebäck gebracht hatte, fiel ihr erstmals auf, dass immer weniger Wassertrüdinger in dieses Gasthaus kamen. Die meisten wollten nicht mit Besatzungssoldaten in einer Stube sein, und sicher war es auch den Amerikanern lieber, unter sich zu bleiben. Obwohl Luise seit dem Frühjahr in Wassertrüdingen war, kannte sie kaum Einheimische. Die Nachbarn und die Bekannten von Lina waren ihr vertraut, aber sonst war ihr die Stadt und ihre Bewohner noch ziemlich fremd. Viele Wassertrüdinger betrachteten die Evakuierten und die Vertriebenen als Fremde, auf die sie nicht gewartet hatten. Um so mehr gefiel Luise das Gefühl, Dave als einen Freund zu haben, den sie neben Lina sehr gut kannte, und dem sie auch vertrauen konnte. Schon am Nachmittag dachte sie daran, dass Dave auch heute Abend mit ihr heimgehen würde. Er kam gegen 18 Uhr mit zwei anderen Amerikanern ins Gasthaus und bestellte Bier und Bratwürste. Luise bediente die drei, doch sie hoffte, dass die anderen beiden nicht mit ihr und Dave heimgehen würden. Die drei Besatzungssoldaten waren kaum mit ihrem Essen fertig, als ein amerikanischer Militärpolizist hereinkam und alle drei aufforderte, mit ihm zu kommen. Sie riefen Luise zu, dass sie am nächsten Tag bezahlen würden. Sehr schnell standen sie auf und verschwanden. Luise machte sich Sorgen, denn Dave und seine beiden Begleiter mussten nun bei einbrechender Dunkelheit mit dem Militärpolizisten wahrscheinlich eine schwierige Festnahme oder eine Suche durchführen.

Es waren noch einige Amerikaner in der Wirtsstube. Die meisten kamen aus der amerikanischen Schreibstube, die sich im Haus gegenüber befand. Als sie Georg von Dave berichtete, erzählte er, dass diese Maßnahme nicht unbedingt gefährlich sein musste. „Manchmal wird nur ein alter Mann oder ein verschwundenes Pferd gesucht! Du musst abwarten, es ist vielleicht kein gefährlicher Einsatz!“ Luise bediente sehr unaufmerksam weiter. Immer wenn es an der Tür oder daneben ein Geräusch gab, schaute sie und hoffte, dass Dave zurückkommen würde. Als die letzten GIs gegangen waren, schickte Georg Luise heim, doch sie wollte dableiben und unbedingt noch die Gläser abspülen. Als sie damit fast fertig war, klopfte es am Fenster neben der Tür. Blitzschnell rannte sie durch die Wirtsstube und erkannte Dave und die beiden anderen. Obwohl sie das eigentlich nicht hätte tun dürfen, öffnete sie die Tür und bat die drei herein. Sie schenkte drei Bier ein und brachte den Hungrigen einige geräucherte Bratwürse und Brot. Georg kam auch wieder, er freute sich nicht über die späten Zecher, aber er konnte Luise verstehen und - er war neugierig und wollte wie Luise wissen, was sie gemacht hatten. Nachdem sie satt waren und das zweite Bier vor ihnen stand, erzählten sie von ihrem Einsatz:

„Zwei Gestalten waren an der Stadtmühle bobachtet worden, wie sie am Hintereingang versuchten, die Tür aufzubrechen. Als der Nachbar mit seinem Hund angerannt kam, liefen die beiden am Schlossgraben entlang davon. Den Hund erschlugen sie mit einem Prügel, der Nachbar gab Alarm, weil die beiden ausdauernder und schneller waren als er. Die Amerikaner fuhren nun mit drei Jeeps auf verschiedenen Wegen Richtung Auhausen und Richtung Geilsheim. Ziemlich schnell entdeckte die Streife Richtung Auhausen zwei Männer, die nach links über die Gleise in einem kleinen Wäldchen verschwanden. Nun wurde Otto Müller mit seinem Schäferhund geholt, der in kürzester Zeit die beiden Männer aufgestöbert und aus dem Wäldchen getrieben hatte. Als die beiden Flüchtigen Richtung Auhausen aus dem Wäldchen rannten, wurden sie von den Soldaten mit Gewehren gestellt." Dave meinte, dass die beiden wohl die Unruhestifter vom Hahnenkamm seien, die man schon seit einigen Tagen gesucht hatte.

Für Luise war die Erzählung furchterregend, denn es gab sicher noch viel mehr solche Heimatlose, die als Diebe Essen und Geld suchten. Dabei verhielten sich diese Menschen nicht zimperlich, denn sie hatten nur wenig zu verlieren. Sie waren heimatlos und häufig auch aus anderen Ländern. Luise fiel der Totenschädel wieder ein, am Ende hatten diese zwei den Mord auf dem Gewissen. Sie war froh, dass Dave noch gekommen war. Nach einer guten Stunde und zwei weiteren Bier für jeden Soldaten schloss Luise die Türe der Gastwirtschaft zu. Sie hoffte, dass die beiden anderen Soldaten alleine heimgehen würden, doch zuerst gingen sie singend mit Luise und Dave den Marktplatz hinunter. Vor der Apotheke aber verabschiedete Dave die beiden und schickte sie energisch in ihr Quartier an der Post. Weil es so spät war, küssten sie sich nur dreimal. Dave roch sehr stark nach Bier, deshalb war Luise in dieser Nacht froh, dass es nicht so viele Küsse wurden. Im Bett konnte sie nicht gleich einschlafen, denn die Geschichte mit dem

Totenschädel und die Geschichte von den zwei Gaunern heute ließen ihr keine Ruhe.

Am nächsten Morgen wurde Luise wieder durch lautes Klopfen an der Haustüre geweckt. Es war Ernst. Schnell sprang sie aus dem Bett, denn sie wollte wissen, warum er gekommen war. Schon am guten Duft in der Küche stellte sie fest, dass Lina einen amerikanischen Kaffee gemacht hatte, den Luise vor einigen Tagen geschenkt bekommen hatte. Sicher schaute Ernst Mahler wegen des guten Kaffees vorbei, doch kam er auch wegen Lina. Als Luise ins Zimmer trat, berichtete Ernst gerade von den weiteren Nachforschungen der Polizei. Mittlerweile waren die Haare des Toten untersucht worden, denn man hatte am Tatort noch einige wenige Reste von den Haaren gefunden. Demnach war der Tote einmal dunkelblond gewesen, was auch auf den Sohn von Lina zutraf. „Es wird doch nicht mein Karl sein?" jammerte sie leise, doch Ernst berichtete weiter: „Mittlerweile haben fast alle Zahnärzte schon einen Gipsabdruck des Gebiss' vom Toten bekommen." Doch dann musste er eingestehen, dass kein Zahnarzt mit Sicherheit etwas sagen konnte, denn der Tote war schon zu lange gelegen und das Gebiss war zerstört worden. Für Lina brach eine Welt zusammen: „Dunkelblond war mein Karl auch! Wenn ich nur Gewissheit haben könnte, ob er es wirklich war oder ob es ein anderer Mann gewesen ist!"

Genau genommen waren die Polizisten wieder so weit, wie am Tag des Auffindens der Leiche. Allerdings kam nun für die Polizei auch ein Mord von einem Nazi in Frage, denn die Tatsache, dass es am Tatort und in dem Bierkeller keine weiteren Hinweise gab, ließ die Polizei vermuten, dass es vielleicht ein geplanter Mord gewesen war, der am folgenden Tag auf Anordnung der Nazi-Oberen vertuscht worden war, wobei man alle Spuren säuberlich verschwinden ließ. Doch unter den gemeldeten Vermissten gab es keinen, der möglicherweise von einem Parteimitglied oder einem SA-Mann erschlagen worden wäre. „Der Fall des Eisler-Toten wird immer verworrener," meinte Ernst. „Weil alle Spuren beseitigt worden waren, kam nun auch die Vermutung auf, dass es vielleicht heimkehrende Offiziere oder Soldaten waren, die diesen erschlagen hatten. Besonders die fehlenden Ausweise könnten bedeuten, dass es der Mörder auf die Ausweise und die möglichen

Entlassungspapiere abgesehen hatte." Für Lina waren die täglich neuen Ermittlungsergebnisse des ehemaligen Polizisten eine Belastung, denn fast jedes Mal waren die Berichte keine Beruhigung, im Gegenteil, sie verunsicherten die arme Mutter immer mehr. Auch Luise war für sie keine Hilfe, denn auch ihre Ängste wurde durch diese Lageberichte immer schlimmer.

Um die beiden Frauen etwas abzulenken, nahm sich Ernst vor, auch von anderen Kriminalfällen zu erzählen. „In diesem Jahr geschahen schon die seltsamsten Todesfälle. Im Februar oder Anfang März wurde ich mit Hans Meier eines Morgens in das Postamt gerufen. Es war ein schrecklicher Anblick. Beim Betreten des Packraums sahen wir schon eine Leiche liegen. Dort kam uns ein jammernder erwachsener Mann entgegen, der nichts mehr sehen konnte. Der Blinde jammerte über heftige Schmerzen im Kopf und besonders in den Augen." Ernst hielt inne, die Erinnerung an das Erlebte war immer noch so schlimm, dass er durchatmen musste. Er berichtete weiter: „Zwei andere Postbedienstete saßen mit Kopfweh in der Ecke und riefen: ‚Was sollen wir denn tun?' Für uns Polizisten war nichts zu machen. Wir riefen nach einem Arzt, und der stellte fest, dass die Postbeamten auf die wahnsinnige Idee gekommen waren, aus Möbelpolitur Schnaps zu brennen. Also hatten sie eine alte Brennanlage aus einem Nachbardorf in den Schuppen zwischen Postamt und Rosenbauer gebracht, wo sie dann diesen Industriealkohol erzeugten. Das Gebräu war stark giftig, aber das Verbot des Schnapsbrennens durch die Besatzungsmacht hatte die Männer alle Vorsicht vergessen lassen." Ernst beendete seine Erzählung mit der Feststellung, dass der Tote vom Eisler zu allem Unglück auch noch zu den anderen Vorfällen und Verbrechen gekommen sei. Die Polizisten seien fast am Ende ihrer Kräfte.

„Und das Schlimmste geschieht übermorgen," fuhr er fort. „Die Stadtverwaltung bekam von den Amerikanern den Hinweis, dass in zwei Tagen ein Flüchtlingstransport kommen werde. Dazu müssten die Polizisten helfen, dass die Flüchtlinge alle unterkommen. Bei den Transporten von Evakuierten aus den Großstädten im letzten Winter war es schon schwer genug. Viele Wassertrüdinger wollten einfach nicht einsehen, dass sie die heimatlosen Flüchtlinge aufnehmen müssen. Jeder brachte andere Ausreden und viele verschanzten sich in ihren Häusern. Sie wollten keine Fremden und keine Polizisten ins Haus lassen." Für Lina und auch für Luise war es unvorstellbar, dass Wassertrüdingen noch einmal zweihundert bis zweihundertfünfzig Vertriebene aufnehmen könnte. Die Häuser waren alle voll. Fast alle Haushalte hatten schon Evakuierte und Vertriebene aufgenommen. Viele der Evakuierten waren zwar schon in ihre Städte zurückgekehrt, aber die ehemaligen Gastgeber wollten jetzt Ruhe haben. Luise war geblieben, denn sie verstand sich gut mit Lina und sie hatte eine Arbeitsstelle. Die Aussicht, so viele Vertriebene aufzunehmen, verbreitete sich schnell im Städtchen. Viele versuchten an diesem Tag fortzufahren, doch das war keine gute Idee. Die Polizei kam ihnen zuvor und öffnete mehrere Häuser, als es so weit war.

An diesem Vormittag schlug Luise vor, sie könnten in dem kleinen Garten hinter dem Haus nach dem vergrabenen Besteck suchen. Lina hatte ihr vor einigen Tagen erzählt, dass sie nicht mehr genau wusste, wo das Besteck genau liegt. Sie hatte es vor dem Einmarsch der Amerikaner wie viele andere Nachbarn auch in Wachstuch gewickelt, verschnürt und dann im Garten vergraben. Mit einem Spaten und einer Hacke begannen sie hinter dem Haus zu suchen. Daheim im Ruhrgebiet hatten sie auch Silberbesteck gehabt, und sie hatten es auch bei der Oma im Garten vergraben. Die silbernen Besteckteile wurden bei Benützung ein- oder zweimal im Jahr geputzt, damit die schwarzen Flecken verschwanden. Viele Hausfrauen waren stolz auf so ein Besteck, auch wenn das Putzen zeitraubend war. Die Suche war für die beiden Frauen gar nicht so einfach, obwohl der Garten klein war. „Unter den Wegen ist es bestimmt nicht," war sich Lina sicher. Luise suchte im Gras und Lina in den Beeten. Da es Herbst war, konnte man überall suchen. Im Gras musste Luise immer den Grasballen lösen, und dann darunter weiter graben. Sie war vorsichtig, denn mit dem Spaten konnte man die Besteckteile schon zertrümmern. Plötzlich schrie Lina auf. „Da liegt ein Toter!" schrie sie ganz hysterisch. Luise rannte zu ihr hin. Tatsächlich kamen kleinere und mittlere Knochen zum Vorschein. Luise nahm den Spaten und nach kurzer Zeit fanden sie einen kleinen Kopf. Lina sagte erleichtert: „Das ist unser Dackel, den hat mein Mann vor ungefähr zehn Jahren hier eingegraben." Trotzdem waren beide Frauen sehr aufgeregt, denn die Möglichkeit eines Toten im eigenen Garten hatte sie doch sehr erschreckt. Lina wirkte sehr verstört, doch langsam fing sie sich. Luise schlug vor, sie solle Tee machen. Nach einigen Minuten stieß Luise unter dem Gras auf das Silberbesteck. So hatte die Aktion doch noch ein gutes Ende gefunden.

Weitere Vertriebene kamen nach Wassertrüdingen

Für Luise und für ihre Hausfrau gab es eine große Veränderung. Da Lina den Bürgermeister und einige städtische Angestellte kannte, hatte man die Witwe ewas verschont. Doch als dann zwei Tage später der Zug am Bahnhof ankam, waren es fast dreihundert Vertriebene, die der Flüchtlingskommisar aus Dinkelsbühl und der Wassertrüdinger Bürgermeister in den nahegelegenen Dörfern und in Wassertrüdingen unterbringen mussten. Der Bahnhofsvorplatz glich einem Heerlager. Unzählige Kisten, Schachteln und Säcke lagen auf dem Boden und viele verängstigte Frauen und Kinder sowie alte Männer schauten sich müde und erschöpft um. Aus Dinkelsbühl waren noch vier Gendarmen gekommen, die die örtlichen Polizisten unterstützten. Der Bürgermeister rief die Angekommenen so auf, dass die Menschen in ihren Dorfgemeinschaften zusammenbleiben konnten. Aus den meisten Dörfern der Hesselberggegend waren Vertreter der Bürgermeister gekommen. Sie gingen dann mit den müden Menschen in die Dörfer. Man sah es diesen ausgemergelten Frauen und Kindern an, dass sie schon mehrere Wochen auf der Flucht waren. Sie hatten alle schon zwei oder drei Auffanglager hinter sich. Überall hatte es wenig zu essen gegeben, überall waren die Verhältnisse primitiv. Alle Vertriebenen wünschten sich ein warmes Bett, eine Badewanne und reichliches Essen. Die letzten hundert Menschen wurden dann auf die Wassertrüdinger Häuser verteilt. Bei Lina Herzog in der Höllgasse klopfte ein Polizist und brachte zwei Frauen, die von nun an bei ihr wohnen sollten.

Lina bat die zwei zu Luise ins Wohnzimmer. Die Neuangekommenen waren Frau Christa Bär mit ihrer Tochter Elisabeth. Während Luise für alle Tee machte, fragte Lina die beiden Neuankömmlinge aus. Sie kamen aus der Bukowina. Dort wurden sie ab September 1940

Blick vom Eisler auf Wassertrüdingen

nach einem Geheimabkommen zwischen Hitler und Stalin umgesiedelt nach Polen. Mehrere Wochen Bahnfahrt und schreckliche Verhältnisse im Zug lagen hinter ihnen. Nach einem Aufenthalt in einem Durchgangslager in Polen wurde die Lage für die Familie noch viel bedrohlicher. Die Familie wurde in einem polnische Bauernhaus einquartiert, das man den Besitzern am Tag vorher abgenommen hatte. Die polnischen Bauern mussten innerhalb kürzester Zeit das Haus räumen, und am nächsten Tag kamen dann die Menschen aus der Bukowina, um in den fremden Häusern zu wohnen. Es war für die neuen Bewohner schwierig, denn sie hatten das Gefühl, in gestohlenen Häusern zu leben. Während der Nächte gab es immer wieder Übergriffe von Partisanen, die in ihre alten Häuser zurück wollten. Eines Abends wurde der Onkel von Christa Bär durch das Fenster erschossen. In der Bukowina hatte die Familie ihr Haus und die Schreinerei verloren, ihr ganzer Besitz war ihnen genommen. Der Mann von Christa musste dann in das deutsche Heer eintreten. Bei Kampfhandlungen in Russland ist er kurz darauf gefallen.

Zwei Jahre später wurde die Familie zum zweiten Mal aus ihrem Haus vertrieben, denn die russische Front rückte immer näher. Die Nazis siedelten die Flüchtlinge aus den ehemaligen deutschsprachigen Gebieten im Südosten Europas ein zweites Mal um. Ihr Flüchtlingszug endete zuerst in der Nähe von Dresden, wo die Frau mit ihrer Tochter in einem Durchgangslager festgehalten wurde. In allen Lagern, in die man die Heimatlosen einwies, herrschten furchtbare Zustände: Krankheiten, schlechte Ernährung, primitive Baracken und überall Dreck. Christa Bär hatte Tränen in den Augen als sie erzählte. Luise hatte auch zugehört, ihr taten die Mutter und die Tochter leid. Sehr schüchtern saßen die beiden auf dem Sofa. Luise stellte sich vor. Interessiert fragte Christa Bär, ob sie nicht „Du" zueinander sagen sollten. Lina war einverstanden. „Gerne!" Luise bewunderte Lina, weil sie die Situation so gut meisterte. Nur wenige Minuten nach der Ankunft ihrer neuen Mitbewohner hatte sie Tee aus selbstgesammelter Pfefferminze und einige kleine Gebäckstücke hereingebracht. Dankbar ließen sich Mutter und Tochter einschenken. Nun begannen die Neuangekommenen zu fragen, ob es Arbeit für alle gäbe und wie die Lebensmittel verteilt würden. Genaue Antworten konnten Lina und Luise nicht geben, denn sie wussten nur, wie sie sich bisher versorgen konnten. Arbeitsplätze waren für Frauen sehr spärlich, denn die Alliierten sorgten für die Arbeitsplätze der Männer, die mussten Gleise reparieren, Brücken bauen und ähnliche Arbeiten machen. Aber die Putzstellen und die Arbeitsplätze für Köchinnnen waren sehr begrenzt. Nur die Amerikaner und seit einigen Wochen auch die englischen Soldaten suchten Köchinnen und Wäscherinnen.

Am Ende der Unterhaltung platzte es plötzlich aus Luise heraus: „Ich bin nach Wassertrüdingen gekommen, weil man mich hierhergeschickt hat, damit ich den Krieg überlebe. Aber seit einigen Tagen wird die Lage immer gefährlicher. Es treiben sich viele Heimkehrer, entlaufene Kriegsgefangene, Soldaten ohne Entlassungsschein und viele ehemalige Ostarbeiter herum, die Nahrungsmittel und Kleidung suchen oder klauen. Erst vor einigen Tagen hat man in einem Bierkeller in unserem Ort eine Leiche entdeckt. Niemand weiß, wer der Tote war und niemand kennt den Mörder." Luise hatte ihre Angst in diesem langen Wortschwall ausgedrückt, fast war ihr danach ein bisschen wohler. Lina brachte nun das Gespräch auf wichtigere Dinge. Sie schlug den beiden Frauen vor: „Ihr zwei werdet in Zukunft in meinem Schlafzimmer nächtigen. Ich werde mir ein Bettgestell in der Nachbarschaft suchen und in das kleine Zimmer neben Luise ziehen. Es ist nicht sehr hell, weil das Fenster zum nahen Nebenhaus geht, aber ich werde mich daran gewöhnen." Die drei Frauen gingen nun in das niedrige Obergeschoß und schauten sich die Räumlichkeiten an. Nachdem sich die beiden Neuangekommenen nichts sehnlicher wünschten, als gleich in den herrlichen Betten zu schlafen, gingen Luise und Lina zur Nachbarin, um nach einer Bettstatt zu fragen. Dort waren auch zwei neue Vertriebene angekommen, doch sie erfuhren, dass bei den Müllers zwei Häuser weiter zwei oder drei Bettgestelle übrig sein könnten. Tatsächlich erhielten sie von Frau Müller ein Holzgestell mit einer alten Matratze. Luise meinte nur, dass sie mit Lina tauschen wolle. Sie wollte die schlechte Matratze übernehmen, damit Lina im eigenen Haus wenigstens nicht im schlechtesten Bett schlafen musste.

Gegen vier Uhr sollte Luise im Gasthaus Lamm sein. Vorher bat Lina sie, beim Wirt zu fragen, ob er nicht etwas Brot übrig habe, damit sie und ihre Untermieter am Abend und am nächsten Morgen etwas essen konnten. Luise nahm Elisabeth mit, damit sie sehen konnte wo sie arbeitete. Der Lammwirt schenkte ihnen gerne Brot, denn von Luise hatte er auch schon einige Kaffeepackungen der Amerikaner erhalten. Als er Elisabeth sah, fragte er sie, ob sie nicht am Wochenende als zusätzliche Küchenhilfe kommen könnte. Sie sagte freudig zu.
Während des Abendessens herrschte an diesem Tag großer Betrieb. Die Gaststube war voll mit Amerikanern. Einer der Unteroffiziere hatte Geburtstag, deshalb bezahlte er das Bier und die Schnäpse. Die Offiziere setzten sich in das Wohnzimmer des Wirts und tranken guten Weißwein aus Franken. Als dann Friedel Kalter mit seinem Akkordeon kam, waren alle schon in bester Laune. Es wurde sehr viel gesungen und noch viel mehr getrunken. Luise hatte alle Hände voll zu tun. Dave war kurz nach den anderen gekommen und saß neben der Theke. Sie hatte kaum Zeit, mit ihm zu reden. Außerdem hoffte sie, dass er nicht zu viel trinken würde, denn dann wäre der Heimweg nicht schön, sondern vielleicht sogar schwierig. Aber ihr Freund blieb ruhig und trank deutlich weniger als die anderen. Kurz vor elf Uhr versprach der Wirt dem Akkordeonspieler eine Flasche Wein, wenn er nur noch langsame Abendlieder spielen würde. Der Trick funktionierte, denn nach drei langsamen Weisen standen alle ziem-

lich unvermittelt auf und versuchten, mit aufrechtem Gang das Lokal zu verlassen. Dave blieb als einziger sitzen und fragte Lina, ob es noch lang dauern würde. Georg meinte, dass sie nur noch etwas aufräumen müssten, das Abspülen sollte morgen ab neun Uhr geschehen.

Als Luise und Dave Arm in Arm die Marktstraße hinuntergingen, erzählte sie ihm, dass nun das Haus in der Höllgasse ganz voll sei. Das war für beide unerfreulich, denn eigentlich hatte Luise gehofft, dass sie bald einmal mit Wissen von Lina dort zusammen ins Bett gehen konnten. Als Luise Dave fragte, ob er wüsste, wo Liebende eine Bleibe finden könnten, war auch er überfragt. Sie küssten sich mehrmals und Dave versprach, sich umzusehen. In der Lammwirtschaft wollten sie kein Zimmer mieten, denn das hätte sich sehr schnell herumgesprochen.

Im Bett überlegte Luise noch, was an diesem Tag geschehen war. Vier Personen in einem Haus, die sich zum Teil noch gar nicht kannten, es war unangenehm und spannend zugleich. Luise nahm sich vor, die Ankömmlinge zu unterstützen, denn sie hatten es noch schwerer als sie, die vor einigen Monaten angekommen waren. Dave tat ihr gut, sie schlief ruhig ein. Am nächsten Morgen war das Frühstück sehr lebhaft, denn Christa Bär und ihre Tochter hatten viele Fragen. Am Vormittag wollte Luise mit den beiden auf das Rathaus gehen, um Lebensmkittelkarten und -marken zu beantragen. Auf dem Marktplatz stand eine lange Menschenschlange. Christa und Elisabeth Bär trafen einige Bekannte vom Transport wieder. Sie unterhielten sich eifrig, denn alle waren in irgend einem Haushalt untergekommen. Luise schaute kurz ins Lamm, um Georg um weiteres Brot zu bitten. Sie hoffte, dass die beiden Vertriebenen wie die anderen auch heute schon Lebensmittelmarken bekommen würden, doch das war anscheinend nicht möglich, man vertröstete sie auf den nächsten Tag. Luise gab Christa und Elisabeth das Brot, um dann im Lamm die Gläser und Teller vom Vortag abzuspülen und abzutrocknen.

Heute blieb sie gleich da, denn sie musste bedienen. Sie gab mittags über zehn Essen aus, und die GIs tranken schon fleißig Bier und Kaffee. Die Mittagspause war für sie und ihren Chef etwas kurz, denn

Die Lammwirtschaft

bald kamen einige amerikanische Nachmittagsgäste, aber vorher tranken beide noch eine gute Tasse Kaffee. Ein Amerikaner sprach Luise an. Er erzählte, dass Dave mit seiner Gruppe in ein Dorf am Hesselberg abkommandiert worden war, um dort einen Toten zu bergen. Luise beunruhigte diese Nachricht aber wenig, sie hoffte, dass sich vielleicht in diesem Zusammenhang auch der Mord am Eisler aufklären ließ. Schon vor dem Abendessen saßen einige Amerikaner zusammen, ganz offensichtlich redeten sie über den neuen Kriminalfall. Georg hatte herausgefunden, dass es sich um einen Toten handelte, der mit mehreren Steinen beschwert und in einem Weiher am Hesselberg versenkt worden war. Während sie kurz danach das Abendessen ausgab, kam plötzlich Dave mit seinen drei Soldaten herein. Ziemlich schnell gelang es Luise ihnen vier Bier zu bringen. Dave sagte nur kurz, dass er ihr von dem neuen Fall erzählen werde, wenn der Betrieb in der Wirtschaft nicht mehr so schlimm sei. Luise platzte fast vor Neugier, aber sie musste weiter Bier und zunehmend auch Schnäpse zu den Gästen bringen. Zum Glück kam heute der Akkordeonspieler nicht, denn er spielte ein oder zweimal in der Woche für die Engländer im Cafe Edelhof. Weil heute gar nicht gesungen wurde, tranken die Amerikaner mehr Bier, doch schon vor zehn Uhr zahlten die ersten. Luise bekam an diesem Abend drei Päckchen Kaffee und zwei Schachteln amerikanische Zigaretten. Wahrscheinlich gefiel allen der Abend auch ohne Musik. Dave saß heute im hintersten Eck, doch Luise ging mehrmals zu seinem Tisch. Sichtlich stolz zeigte sich Dave, er bezahlte jedem seiner Soldaten zwei Bier. Luise gefiel es, denn fast alle Amerikaner freuten sich, die schlanke, gut aussdehende Freundin von Dave zu sehen.

Bald waren sie fast allein und Luise ging in die Küche, um abzuspülen. Dave stand neben ihr und sie konnten sich etwas unterhalten. Der Wirt trank wie Dave auch noch ein Bier. Dave erzählte, dass sie den Toten aus dem Weiher gezogen hatten. Außerdem schickte er seine Soldaten noch in den Weiher, sie sollten mit Rechen nach Gegenständen des Toten suchen. Sie fanden einen leeren alten Rucksack, der aber schon sehr lange im Wasser gelegen hatte. Der Fall war ähnlich mysteriös wie der Fall des Toten vom Eisler. Dave meinte, dass es nicht verwunderlich sei, wenn den Toten alles abgenommen wurde, denn im Jahr 1945 waren viele arme Menschen um jedes Hemd und um jede Hose froh, die sie bekommen konnten. Am Ende des Tages brachte Georg Luise einen Likör, und sie setzten sich noch kurz in die Gaststube. Georg stieß auf den Abend mit ihr und Dave an. Sie merkte, dass die beiden Männer etwas wussten, von dem sie keine Ahnung hatte. Georg begann plötzlich zu erzählen, dass das schönste Gastzimmer seiner Wirtschaft im 1. Stock nach hinten die Nummer 3 besaß. Plötzlich dämmerte ihr, was Dave und Georg ausgemacht hatten. Obwohl sie sich so danach gesehnt hatte, mit Dave allein zu sein, heute ging es ihr fast zu schnell. Doch andererseits war sie froh, dass Dave alles mit Georg geregelt hatte. Dave stand auf, nahm sie kurz in den Arm und dann sagten sie „Gute Nacht“ zu Georg und gingen zusammen hinauf in das schöne Zimmer.

Dave sucht nach einem Schlüssel, doch das Zimmer konnte man nicht absperren. Er stellte einen Stuhl unter die Türschnalle. Und dann küssten sie sich sehr lange. Das Bett war ein sehr altes, schweres Federbett, das sie schnell beiseite legten. Dann zogen sie sich gegenseitig aus, legten sich aufs Bett und begannen nach einer langen Umarmung sich zu streicheln. Es war schön, Dave drängte Luise nicht, bis sie ihn ganz dicht heranzog. Bald lagen sie müde und entspannt nebeneinander unter der Decke und genossen ihr Zusammensein. Plötzlich fiel Luise ein, dass Lina sich wahrscheinlich Sorgen machte, weil sie nicht heimgekommen war, doch es war zu schön im Bett. Sie wollte nicht mehr aufstehen und in die Höllgasse gehen. Alle schlimmen Gedanken aus den vergangenen Tagen waren wie weggeblasen. So schliefen sie gut ein.

Am nächsten Morgen machten sie sich fertig und als sie in die Wirtsstube kamen, stand schon das Frühstück bereit. Die Wirtin hatte für Dave eine besonders große Portion mit Rührei und Speck gemacht. Der beste Kaffee duftete und sie ließen es sich beide schmecken. Nach einer Umarmung rannte Luise heim, um sich bei Lina zu entschuldigen. Sie lachte: „Du hättest nicht so schnell laufen müssen. Dave hatte mir schon gestern erzählt, dass Du an diesem Abend nicht nach Hause kommst. Dazu hat er mir noch zwei Schachteln Zigaretten geschenkt. Er ist ein feiner Kerl und er kann auch gut Deutsch!" Luise wunderte sich nur noch über ihren Dave, er war ein aufmerksamer Mann. Die Frage, ob Lina etwas dagegen hätte, wenn Dave ab und zu im Haus in der Höllgasse übernachtete, war schwierig. Lina hatte, da war sich Luise ganz sicher, viel Angst vor dem Getratsche der Nachbarn. Luise dachte sich früher manchmal: „Vielleicht bietet mir Lina auch an, das Dave ins Haus kommen kann." Aber die Lösung mit dem Zimmer in der Lammwirtschaft war ihr nun doch viel lieber. Am nächsten Abend nach der Arbeit im „Lamm" brachte sie Dave wieder in die Höllgasse. Er berichtete ihr, dass es in der amerikanischen Armee nicht gern gesehen wurde, wenn Soldaten in deutschen Häusern übernachteten, denn dort wären sie nicht immer sicher genug. So einigten sie sich darauf, dass sie öfter das schöne Zimmer in der Lammwirtschaft mieten wollten. Ihr Chef war damit sicher mehr als einverstanden, es war ja sein Vorteil.

Beim Abendessen in der Höllgasse waren sie eine schöne Gruppe. Luise hatte an diesem Tag frei. Lina hatte einen guten amerikanischen Kaffee gebraut. Dazu gab es wie immer Brot, etwas Käse und viel billige Margarine, die sehr künstlich schmeckte. Wurst war nur selten auf dem Tisch. Christa wollte wissen, ob es Fabriken gab, wo sie eine Arbeit bekommen könnte. Lina erzählte, dass eine Stofffabrik in der Eislerstraße Arbeitplätze anbot: „Auch bei einigen Handwer-

kern werden Arbeitskräfte gesucht. Vielleicht würde sich ein Arbeitsplatz in einer Bäckerei anbieten, denn bisher waren nur wenige Männer heimgekommen. Doch bei Bäckern und Metzgern arbeiten alle

Wassertrüdingen vom Eisler aus betrachtet.
Ölgemälde von Erich Klemm aus dem Jahre 1946
(nach einer Postkartenvorlage aus den 20er Jahren des 20. Jh.s)

Menschen gerne, denn dort bekommt man auch ab und zu zusätzlich Essen." Luise versprach, Georg zu fragen, ob in seiner Nachbarschaft Arbeitskräfte gesucht würden. Luise versuchte den beiden Frauen aus der Bukowina zu erklären, dass sie hier nicht mit offenen Armen aufgenommen würden. „Viele Familien haben seit 1943 schon Evakuierte in ihren Häusern aufgenommen. Und als die dann ab Mai langsam wieder heimgegangen waren, hofften sie, wieder allein in ihren vier Wänden zu sein. Bei euch Vertriebenen wissen sie, dass ihr länger als ein zwei Monate bleiben werdet." Lina meinte, dass sich manche Einheimische sehr garstig benehmen würden: „Statt zu helfen, schimpfen sie mit den Neuangekommenen. Von den Gründen, warum ihr hier bei uns auftaucht, wollen sie nichts wissen." Sie fuhr fort: „Die schlechten Zeiten und die große Not wollen sie euch in die Schuhe schieben. Dass ihr in eurer Heimat alles verloren habt und dass sie selbst hier in Wassertrüdingen noch in ihren Häusern wohnen können, das ist für viele selbstverständlich."

Schon seit Monaten gab es in vielen Häusern Streit zwischen den Evakuierten und Vertriebenen mit den Einheimischen. Für die meisten Wassertrüdinger waren Flüchtlinge und Vertriebene gleich, doch die Angekommenen legten Wert darauf, dass sie nicht freiwillig geflohen waren, sondern dass sie von den Tschechen, den Polen oder von den Russen vertrieben worden waren. Schlimm war, dass es in den Häusern sehr eng war. Alle saßen viel zu dicht aufeinander, was die Feindseligkeiten noch verstärkte. Für Lina waren ihre Evakuierte aus dem Rheinland und ihre Vertriebenen aus der Bukowina Ablenkung, die sie auf andere Gedanken kommen ließen.

Aufregende Ereignisse

Es klopfte an der Haustüre. Luise machte Ernst auf. Natürlich bekam er eine große Tasse Kaffee. Seine Nachricht, dass Lina auf der Polizeistation zu erscheinen habe, erschreckte alle. Luise nahm sich vor, sie zu begleiten, denn wahrscheinlich ging es um ihren vermissten Sohn Karl. Ernst meinte, dass es nicht um Lina selber ging, mehr wollte er aber nicht erzählen. Plötzlich verstummte die Unterhaltung. Nach einigen Minuten waren Lina, Luise und Ernst auf dem Weg ins Rathaus.

Dort befand sich im Erdgeschoß die Polizeistation. Sie wurden schon erwartet. Der Polizist Hans Meier, bat Lina Platz zu nehmen, Luise wollte er hinausschicken, doch Lina sagte laut, dass sie bleiben solle. „Sie darf alles mit anhören! Wenn es etwas Schlimmes ist, dann kann Luise mich trösten." Vor einigen Monaten waren sie sich noch fremd gewesen, doch nun wusste Luise, dass sie sich wirklich sehr aneinander gewöhnt hatten. Sie verstanden sich gut. Luise sagte: „Wenn ich das Skelett nicht mehr anschauen muss, bleibe ich gerne bei dir!" „Das Skelett haben wir nicht mehr da. Aber wir brauchen von den Angehörigen Angaben zu den Vermissten, die uns gemeldet worden waren!"

Dann suchte er in seiner Tischschublade ein Bild, das er auf den Tisch vor Lina hinlegte. Dazu sagte er: „Zuerst habe ich die Zeichnung eines Polizei-Zeichners. Er hat nach dem Skelett ein Bild von dem Toten gemacht, wie er in etwa ausgesehen haben könnte." Lina begann zu schluchzen. Sie konnte sich kaum beruhigen. Luise stellte sich hinter ihren Stuhl und legte ruhig die Hände auf Linas Schultern. Nach einer Weile sprach der Polizist sie an: „Schauen sie sich das Bild genau an, es muss nicht ihr Sohn sein. Aber vielleicht fällt ihnen doch etwas auf. War ihr Sohn schmäler oder wirkte er größer. Hatte er im Gegensatz zum Toten auf dem Bild mehr ein rundes Gesicht?" Allen im Zimmer war klar, wie schwer es für Lina sein musste, diese einfache Bleistiftzeichnung genau zu betrachten. Unter Schluchzen sagte sie dann: „Ich bin mir überhaupt nicht sicher, aber es könnte Karl sein. Karl hatte aber die Haare ohne Scheitel nach hinten gekämmt!" Meier meinte dazu: „Der Zeichner hatte nur eine Frisur gezeichnet. Der Tote muss natürlich nicht diese Frisur gehabt haben, das kann man im Nachhinein nicht genau rekonstruieren." „Wie groß war dein Karl?" fragte Meier als nächstes. „Das habe ich schon einmal angegeben. Er war 170 bis 172 cm groß." antwortete ihm Lina. Der Polizist erwiderte: „Der Tote war nach Meinung des Polizeiarztes früher 174 cm groß gewesen. Das ist natürlich nur eine Vermutung, die nicht ganz genau sein muss. War die Kopfform Karls der Zeichnung ähnlich?" „Das ist es ja," schluchzte Lina nun noch lauter. „Der Kopf sieht ihm sehr ähnlich, obwohl es nur eine einfache Bleistifzeichnung ist!" Luise streichelte Lina die Schultern, die immer mehr zitterten. „Eine letzte Frage," meinte Meier. „"Hat sich dein Karl früher einmal einen Finger oder die Hand gebrochen?“ „Beim Nachbarn hat ihm ein Schreiner einmal heftig mit einem Hammer auf die rechte Hand geschlagen, aber Karl ging damit nicht zum Arzt. Nach zwei bis drei Wochen war wieder alles in Ordnung.“ Ernst meldete sich nun zu Wort: „Wenn alle Befragungen der Angehörigen so hinausgehen wie diese, dann wirst du noch länger in Ungewissheit leben. Dieser Tote kann, muss aber nicht dein Karl gewesen sein! So leid es mir tut!“ Meier bedankte sich sehr bei Lina Herzog und sagte zu den beiden Frauen zum Abschied: „Ich wünsche ihnen, dass sie nicht immer an das Skelett denken müssen. Außerdem hoffe ich, dass meine Kollegen bald Genaueres zu diesem Fall sagen können!“

Als sie schon fast aus dem Zimmer waren, rief Meier sie wieder zurück. „Kommen sie bitte noch einemal herein!“ Nachdem sie wieder in der Polizeistation standen, sagte Meier: „Ich habe vergessen, sie zu fragen ob Karl einen oliven Rucksack dabei gehabt hat, wie ihn die Soldaten der Wehrmacht haben?“ „Ernst hat mich das auch schon gefragt. Karl hatte einen solchen Rucksack, aber ob er diesen an dem Tag im Januar gehabt hat - das weiß ich nicht mehr!“ Meier meinte nur: „Das habe ich schon so vermutet. An solche unwichtigen Dinge kann man sich nicht erinnern. Das geht mir genauso. Aber trotzdem ‚Danke‘ Frau Herzog!“ Endlich konnte die arme Lina das Polizeirevier verlassen. Auf der Straße blieben sie kurz stehen. Luise nahm sie in den Arm. Sie hatte selbst mit der Erinnerung zu kämpfen, ihr fiel ein, wie der Kopf des Skeletts laut auf das Kopfsteinpflaster gekracht war. Nie mehr würde sie diesen Laut vergessen. „Du wirst sehen, bald wird die Polizei wissen, wer der Tote war. Wenn alle Fälle abgeglichen sind, dann wirst du bald Gewissheit haben.!“ Nur sehr langsam beruhigte sich Lina. Als sie in der Höllgasse ankamen, warteten Christa und Elisabeth auf der Bank vor dem Haus auf sie. Lina konnte nichts erzählen, doch Luise teilte ihnen mit, dass alles noch offen sei. Für die arme Lina war es ganz gut, dass ihr Haus nun voll war und, dass sich alle vier gut miteinder verstanden.

Ab elf Uhr begann Luises Dienst im Lamm. Sie war gespannt, ob Georg etwas zur vorherigen Nacht sagte, doch er war ruhig und geschäftig wie immer. Gestern hatte Luise Dave nicht gesehen, sie wartete um so mehr auf ihn. Tatsächlich kam er an diesem Tag sogar schon zum Mitagessen, was er vorher noch nie gemacht hatte. Er bestellte sich bei ihr Bratwürste und ein Bier. Dazu sagte er: „Diesen Abend werden wir noch oft wiederholen!“ Dazu lachte er ganz versonnen in sich hinein. Luise sah man auch an, wie sehr sie sich über ihn freute. „Schön, dass du heute schon ausnahmsweise am Mittag kommst,“ freute sie sich. Sie nahm sich vor, nach dem Mittagessen mit Dave zusammen noch eine Tasse Kaffee zu trinken. In der Küche freute sich Frau Niedermüller und meinte: „Ich lege noch eine vierte Bratwurst dazu, die verträgt dein Freund bestimmt.!“ Luise war dankbar, dass niemand Witze riss oder böse von ihnen beiden sprach. Sie hatte das Gefühl, dass alle im Gasthaus ihr diesen Freund gönnten. Die meisten Wassertrüdinger allerdings, da war sich Luise sicher, zerrissen sich den Mund über ihre Beziehung zu einem amerikanischen Soldaten. Später saßen sie zusammen am Tisch und tranken Kaffee. Dave meinte, dass sie morgen wieder das Zimmer 3 bestellen sollten. Luise stimmte zu. Weil Dave wusste, wie sehr Lina Herzog unter der Ungewissheit litt, erzählte er dann noch, dass niemand Genaueres zu dem Toten vom Eisler sagen konnte: „Richte bitte Lina aus, dass die Polizei in Dinkelsbühl trotzdem glaubt, dass man den Unbekannten gefunden habe, der damals zu Tode kam. Es soll ein Fremdarbeiter aus Lehmingen bei Oettingen gewesen sein.“ Als Dave gegangen war, stellte Luise fest, dass sie selbst ganz unruhig war seit der Befragung von Lina auf der Polizeistation. Wenn sie aus dem Fenster schaute, sah sie im Rathaus links unten das Fenster der Polizeistube. Links davon war die Stelle, wo der Totenschädel auf die Straße krachte. Schrecklich!

Luise hatte wenig zu tun, was sie ablenken konnte. Deshalb war es gut, als Georg sie fragte, ob sie beim Gärtner Salat holen könnte. Außerdem sollte sie zwei Säcke gute Salatkartoffeln bestellen für die Küche der Gastwirtschaft. In der Gärtnerei fragte die alte Gärtnersfrau, ob der pensionierte Polizist Ernst Mahler nun sagen könne, wer der unbekannte Tote vom Eisler war. Luise sagte, dass er schon viel davon geredet habe, dass aber die Polizei nicht viel weiter sei, als am Tage des Auffindens der Leiche. Kurz bevor sie zahlen wollte, krachte plötzlich ein Schuss. Die Gärtnersfrau und Luise stürmten vor das Gewächshaus. Vermutlich war der Schuss bei der Forstbrücke oder am Forst abgegeben worden. Beide Frauen sahen sich an. „Es wird doch hoffentlich nichts passiert sein!" sagte Luise zu ihrer eigenen Beruhigung. Sie dachte sofort an den Toten vom Eisler und an den Sohn von Lina. Beide Frauen aber wollten nicht zum Forst hinüber gehen, beide hatten Angst, dass noch ein Schuss fallen könnte. Luise ging nicht am Schloss vorbei, sondern nahm den weiteren Weg über die Oettinger Straße ins Lamm zurück. Dort erzählte sie von dem Schuss. Georg meinte, dass sie sich vielleicht verhört hätten. Zum Beispiel hätte es auch eine Fehlzündung von einem Auto oder von einem LKW der Amerikaner sein können.

Weil Georg merkte, dass Luise sehr unruhig war, sagte er: „Wir trinken noch eine Tasse mit amerikanischem Kaffee, dann wirst du ruhiger. In der Stadt bist du auf jeden Fall sicher!" Als sie kurz danach am Tisch neben dem Kücheneingang saßen, stürmte plötzlich Ernst Mahler herein. „Schenk mir bitte ein Bier ein!" bat er den Wirt. Als er sein Bier hatte, trank er mit Genuss einen Schluck. Dann erzählte er ganz aufgeregt: „Mein Kollege Meier traf mich gerade auf der Bürg. Er war auch wegen des Schusses an die Wörnitz geeilt." Er macht eine kleine Pause, weil er zu schnell und richtig unruhig geredet hatte. Luise hatte ihn noch nie so aufgeregt gesehen. „Zusammen sind wir dann Richtung Forstkeller gegangen. Dort waren einige Kinder und Jugendliche. Als wir kamen, war es ganz still und einer sagte: ‚Herr Meier, es hat einen Toten gegeben!' Erst langsam kam alles heraus. Sie führten uns an die Wörnitz und -!" Ernst stockte, er vergaß sogar sein Bier. „An der Wörnitz lag ein größerer Bub auf dem Rücken. Sein Brustkorb war von einer Kugel zerfetzt. Meier und ich liefen sofort zu dem scheinbar schwerverletzten Buben, doch unsere Hoffnung war vergebens, der Bub war tot." Georg und Luise waren geschockt. An einem so schönen Herbsttag musste dieser junge Mensch sterben. „Wie konnte so etwas geschehen?" dachte Luise.

Nach einer etwas längeren Pause berichtete Enst Mahler weiter: „Natürlich wollten wir von den Kindern und Jugendlichen wissen, was geschehen war, doch die waren stumm vor Schreck. Keiner konnte oder wollte uns etwas erzählen. Während Hans Meier und ich den Unglücksort absuchten, schickte Meier ein Kind heim, es sollte ein Betttuch holen. Ganz zufällig fand ich etwa hundert Meter flussaufwärts vier oder fünf Patronen von einem deutschen Wehrmachtsgewehr. Ich hob die Munition auf. Von Erzählungen älterer Männer, die während des Kriegs in Wassertrüdingen geblieben waren, wusste ich, dass an dieser Stelle viele ehemalige Soldaten vor dem Einmarsch der Amerikaner noch ihre Waffen und Ehrenzeichen in die Wörnitz geworfen hatten. Wahrscheinlich fanden die Kinder manchmal Gewehre, Munition, Abzeichen und andere Wehrmachtgegenstände." Ernst hatte sich einen Schluck Bier verdient. Man merkte ihm an, dass er das Gesehene erzählen musste, wie wenn er es auf diese Weise los werden könnte. „Hans Meier fragte die Buben und Mädchen: ‚Welcher Erwachsene hat denn geschossen?' Ein Mädchen plapperte drauf los: ‚Es war kein Erwachsener da. Das Ganze ist irgendwie beim Spielen passiert. Einige Buben haben Gewehre aus der Wörnitz geholt und damit haben wir dann Krieg gespielt.' Meine Vermutung war also richtig, ein Kind hatte ein anderes Kind beim Spielen mit nasser Munition erschossen."

Georg brachte Ernst Mahler einen Schnaps. Er brauchte auch eine kurze Pause. Erst jetzt fiel Luise auf, dass Ernst völlig verschwitzt war. Zuerst war sie so von seiner Geschichte beeindruckt gewesen, dass sie sein verschwitztes Hemd übersehen hatte. „Ihr könnt euch gar nicht vorstellen, was mir und Hans Meier alles durch den Kopf gegangen ist. Vierzehnjähriger erschießt Dreizehnjährigen? Unmöglich, das konnte doch gar nicht sein. Wir einigten uns, das Ganze erst einmal ruhig angehen. Untersuchen könnte das ja später ein Kriminalbeamter. Neben der Unglücksfamilie des Toten gibt es noch die Familie des Täters. Unvorstellbar und das in Wassertrüdingen! Wir wickelten den Toten in einen schnell geholten blauen Stoff und trugen ihn zusammen auf unseren Schultern in die Höllgasse zu seiner Mutter. Die ‚gute' Frau brach zusammen, als wir ihren Sohn vor ihr ablegten. So etwas möchte niemand erleben, einfach schrecklich!" Ernst trank einen großen Schluck aus seinem Krug. „Mir tut mein Rücken vom Tragen weh und ich bin völlig verschwitzt. Noch ein Bier, dann muss ich mir heißes Wasser für ein Bad machen. Vielleicht beruhigt das auch etwas meine Nerven! Als Polizist habe ich vieles erlebt. Ich habe auch Tote gesehen, aber einen Dreizehnjährigen – furchtbar!" Ernst schien sichtlich mitgenommen zu sein. Als er gegangen war, sagte Georg zu Luise: „Es ist schon so viel passiert, musste das auch noch sein?"

Das Bedienen erledigte Luise an diesem Tag gekonnt und höflich wie immer, aber sie glaubte den ganzen Tag, seit Ernst erzählt hatte, dass sie das nur wie in einem Traum erlebt habe. Manchmal meinte sie, die Soldaten im Gastraum säßen hinter einem Vorhang. Ihr war auch ein bisschen schlecht. Als sie dann an der frischen Luft eine kurze Pause machte, hoffte sie, dass es ihr besser gehen würde. Doch, als sie allein war, tauchte neben dem toten Dreizehnjährigen wieder das schreckliche Skelett des Toten vom Eisler in ihrer Vorstellung auf. Als sie vor einem halben Jahr nach Wassertüdingen gekommen war, schien ihr das Städtchen zuerst sehr ruhig und friedlich zu sein. Die alten Nazis und die große Armut der Leute waren sehr unangenehm. Ihr eigenes Schicksal und ihre Armut störte sie nicht, doch was sie alles erlebte, machte ihr Angst: Hunger, Wohnungsnot, Kriegsversehrte, Vermisste, Schwarzmarkt und dazu dunkle Gestalten während der Nacht, die sich ohne Genehmigung auf dem Heimweg oder auf der Flucht bewegten.

Gegen sechs kamen dann wieder viele Amerikaner in das Gasthaus zum Lamm. Luise war sehr beschäftigt, doch jedes Mal wenn die Tür aufging, schaute sie hin. Dave war noch nicht gekommen. Fast alle bestellten Bier und ein warmes Abendessen. Es war viel Betrieb. Gegen acht Uhr kam der Akkordeonspieler. Nachdem er sein Bier hatte wurde es sehr laut. Die Soldaten sangen und grölten wieder mit. Endlich, kurz nach neun Uhr, kam Dave. Er setzte sich an den Tisch neben der Theke und bestellte auch noch einen Schweinebraten. Als ihm Luise das Bier brachte, erzählte er kurz, dass er mit zwei Soldaten in der Wörnitz am Forst nach Gewehren und nach Munition gesucht hatte. Sie hatten neun Gewehre, einige Kästen Munition und sogar eine Panzerfaust gefunden. Wahrscheinlich hatte eine deutsche Einheit auf ihrem Rückmarsch Richtung Süden an dieser Stelle die Waffen versenkt, weil die Soldaten dieser Waffen entweder gefallen waren oder weil sie in Gefangenschaft gerieten. Oder aber sie desertierten. Dave wusste nicht, ob Luise sich dafür interessierte, aber es sprudelte nur so aus ihm heraus. Der tote Junge hatte alle sehr betroffen gemacht.

Die Stimmung in der Wirtschaft wurde immer fröhlicher, man hatte den Eindruck, die Anwesenden wollten mit dieser Fröhlichkeit die schlimmen Ereignisse des Tages vergessen machen. Luise und viele Wassertrüdinger wussten nicht, dass die Amerikaner an diesem Tag Alarm gegeben hatten, nachdem der Schuss gefallen war. Alle Amerikaner mussten ihre Waffen anlegen und antreten. Danach wurden mehrere Patrouillen durch Wassertrüdingen geschickt. Doch sehr bald gab es Entwarnung. An diesem Abend wurde auch noch sehr viel Schnaps getrunken. Für Luise bedeutete das, dass die Amerikaner alle bei ihr und nicht beim Wirt bezahlen wollten. Dave merkte schon, dass viele seiner Kameraden Luise auch sehr gerne als Freundin gehabt hätten. Sie gaben fast alle eine Schachtel Zigaretten als Trinkgeld. Luise schenkte dem Wirt vier Schachteln, sie war froh, dass er ihr das Trinkgeld ließ, also auch die Zigaretten. Obwohl Dave an diesem Abend das Zimmer 3 schon bestellt hatte, saßen sie noch bis Mitternacht zusammen, weil dieser Tag ihnen die gute Stimmung etwas vermiest hatte. Dave trank viel Bier und Luise ließ sich ein Glas Champus schmecken. Beide hatten zu viel Unruhe in sich, da war an diesem Abend ein ruhiges Gespräch viel besser. Dave erzählte von seiner Heimat Pennsylvania. Luise hörte gut zu, sie war sich nicht sicher, ob sie nicht in ein oder zwei Jahren dort hinüber gehen würden. Statt ins Zimmer im Lamm ging Luise mit Dave in die Höllgasse. Am Heimweg küssten sie sich noch sehr oft. Als sie dann in ihrem Bett lag, war sie sehr müde. Nach dem Gespräch mit Dave und dem schönen Heimweg schlief sie schnell und fest ein.

Beim Frühstück wurde sie schon von ihren Mitbewohnern erwartet. Es gab wieder den einfachen Bucheckern-Kaffee und etwas Margarine. Marmelade war auch auf dem Tisch, doch bekam jeder nur zwei kleine Teelöffel davon. Lina fragte Luise, ob sie den Toten gekannt habe. Sie antwortete: „Ich habe ihn nicht bewusst wahrgenommen. Aber ich habe ihn sicher schon einige Male in der Höllgasse gesehen. Für mich sind und waren alle in Wassertrüdingen neu. Da fällt es mir heute noch schwer, die Leute zu kennen!“ Lina erklärte ihr: „Der Bub hat drei Häuser weiter vorne auf der gegenüberliegenden Seite in der Höllgasse gelebt. Seine Mutter ist eine meiner Freundinnen.“ Luise vesuchte dann zu erklären, dass die Polizisten glauben, dass es ein Unglücksfall gewesen sei und kein Verbrechen. „Wer geschossen hat, weiß niemand. Die Kinder wurden ganz bewusst nicht danach gefragt!“

Lina brachte nun das Gespräch auf eine andere Angelegenheit, die sie auch bedrückte: „Gestern hat es noch eine große Aufregung in der Höllgasse gegeben. Die amerikanische Militärpolizei hat zwei Häuser weiter einen Anwohner festgenommen. Die Gerüchte überschlagen sich, doch ich glaube, dass Röhrer bald wieder freigelassen wird. Ich kann mir nicht vorstellen, dass er eingesperrt wird. Nazi war er auch nicht, denn die werden immer noch gesucht und fortgebracht!" Lina hatte ganz aufgeregt erzählt. Luise konnte sich nicht vorstellen, was ein einfacher Bürger aus Wassertrüdingen anstellen konnte, dass ihn die Amerikaner verhaften. Doch Lina erklärte dann weiter: „Adolf Röhrer war früher Hausmetzger gewesen. Er ist jetzt Rentner, doch vor einigen Tagen hat er für sich selbst schwarz ein Hausschwein geschlachtet, was natürlich streng verboten ist. Und ich glaube, ich weiß, wer ihn verraten hat!" Luise wusste von ihrem Chef, dass das Schwarzschlachten strengstens verboten war, weil es viel zu wenig Fleisch für die Bevölkerung gab.

Lina fuhr fort: „Adolf hat bei jeder Schlachtung, die er schwarz machte, allen seinen Nachbarn vom Fleisch etwas geschenkt, damit sie ihn nicht verraten. Deshalb ist es besonders hässlich, dass ihn ein Nachbar verraten hat. Die Amerikaner haben sein Haus und seine Scheune durchsucht und alles, was von der Schlachtung übrig war, mitgenommen. Sogar das Fleisch im Kamin haben sie ihm abgenommen. Das werden jetzt die Soldaten alles selbst essen. Mir tut der Adolf leid, er hat allen in der Höllgasse viele Jahre lang Hausschlachtungen gemacht, wir waren immer mit ihm zufrieden. Und jetzt wurde er verraten. Hoffentlich muss er nicht nach Hammelburg. Dort sitzen schon etliche Wassertrüdinger. Die meisten allerdings, weil sie stramme Nazis gewesen waren."

Luise merkte, wie ungerecht Lina diese Verhaftung empfand. Schwarzbrennen und Schwarzschlachtungen waren streng verboten wie auch das Handeln auf dem Schwarzen Markt. Doch sie selbst hatte kein schlechtes Geweissen, wenn sie mit amerikanischen Zigaretten für Lina und für sich Brot oder Fleisch kaufte, denn die amerikanischen GIs handelten selbst mit den Leuten. Wer einen Hitler-Dolch mit Hakenkreuz oder Orden der Wehrmacht mit Hakenkreuz darauf hatte, konnte dafür von einem Amerikaner mehrere Schachtel Zigaretten

Hausschlachtung in der Höllgasse

bekommen. Lina hatte ihr erzählt, dass sie für eine kleine Schwarzwälder-Kuckucksuhr fünf Packungen amerikanische Zigaretten bekommen hatte. Die Amerikaner handelten selbst auch schwarz, das war geduldet. Manche Familie waren auf den Schwarzhandel angewiesen, denn auf die Lebensmittelkarte bekamen die Menschen nicht genügend zum Essen. Besonders Jugendliche wurden nicht satt, denn sie brauchten viel mehr zu essen, als ihnen zustand. Kaffee, Fleisch, Wein und andere Güter gab es nicht genügend. Wenn ein Geburtstag oder eine Konfirmation gefeiert werden sollte, dann begannen die Leute schon Wochen vorher schwarz genügend Vorräte zu organisieren.

In diesem Herbst versuchten die Bürger für den Winter Brennholz, Kohlen und Lebensmittel zu ergattern. Wer Verwandtschaft auf dem Dorf hatte, war in einer guten Lage, denn er konnte dort versuchen, Kartoffeln und Kraut zu bekommen. Manches Buch, manches schöne Tischgeschirr wurde so auf den Dörfern eingetauscht, wo man dafür Lebensmittel bekam. In jedem kleinen Garten versuchten die Menschen Gemüse und Beeren zu ernten, um so den Speisezettel der Familie aufzubessern. In einigen Ställen hinter den Häusern der Höllgasse standen Schweine, doch durften sie nur nach Genehmigung durch die Behörde und nach Abgabe von Fleisch und Würsten an die Behörde geschlachtetet werden. Im Krankenhaus und im Altenheim wurden dann diese Waren verwendet. Außerdem musste der Haushalt auch die eigenen Lebensmittelmarken für Fleisch und Wurst abgeben. Wer schwarz schlachtete, konnte also einen großen Gewinn machen, doch der ging zu Lasten der Allgemeinheit.

Luise ging an diesem Tag gerne ins Lamm, um dort zu bedienen. Am Abend war das Zimmer 3 bestellt, schon allein deshalb ging sie gern in dieses Haus. Der Wirt hatte fast alle Gläser vom Vortag schon abgespült. Nach dem Abtrocknen bekam Luise eine gute Tasse Kaffee. Als sie noch trank, kam Ernst in die Gaststube und fragte nach dem Wirt. Luise hatte kein gutes Gefühl, doch die Sache war anders. Ernst Mahler warnte den Wirt vor der Kontrolle durch die Amerikaner. Sie kamen dann tatsächlich am Nachmittag, um zu schauen, wie viel Fleisch und Würste im Keller oder im Kamin waren. Georg hatte erst zwei Tage vorher geschlachtet, wahrscheinlich ohne Anmeldung, also schwarz, doch er hatte das Fleisch und die Würste bei einer Witwe in der Kapellgasse ausgelagert. Die Frau hatte ziemlich Angst, doch der Lammwirt versprach ihr drei Paar Bratwürste. Die Amerikaner zogen wieder ab. Im Lamm war anscheinend alles in Ordnung. Beim Abendessen stellte sich dann heraus, dass es angeblich keine Bratwürste mehr gab. Ein Korporal der Amerikaner versprach dem Wirt, dass er die Genehmigung zum Schlachten am Tag darauf bekommen würde. Am Abend war diesmal nicht so viel Betrieb wie sonst, doch Friedel Kalter spielte auf dem Akkordeon. Weil er auch Luise so gern sah, fragte er sie, welches Lied sie gerne hätte. Luise bat ihn, „Lili Marleen“ zu spielen. Das Lied kam auch bei den Amerikanern gut an. Luise brachte Friedel einen Schnaps, weil er für sie ein Lied gespielt hatte.

Um 9 Uhr kam Dave. Er hatte mit seinen Soldaten in zwei Dörfern noch Razzia wegen des Schwarzschlachtens gemacht. Dave hatte schon gegessen. Weil ein Wirt wegen zu großer Fleischvorräte aufgefallen war, hatte er sich mit den Soldaten und Dave auf vier große Abendessen geeinigt. So war dem Wirt und Dave mit seinen Soldaten geholfen, dazu hatte es auch Schnaps und Bier gegeben. Dave schwankte nicht, doch den vollen Durchblick hatte er nicht mehr. Seine Soldaten hatten schon dafür gesorgt, dass ihr Sergeant genügend zu trinken bekommen hatte. Dave bat gegen elf Uhr Luise, dass er sie auf dem Heimweg begleiten dürfte. Luise bestellte bei Georg das Zimmer für den nächsten Abend, und dann ging sie mit ihrem Dave den Marktplatz hinunter. Dave wollte ihr das Lied von der Clementine vorsingen, doch sie konnte ihn davon abhalten. Denn lautes Singen auf der Marktstraße war nicht zu empfehlen. In der Mühltorstraße rannten zwei Männer davon, als sie die amerikanische Uniform sahen. Luise fühlte, wie die Angst in ihr hochkam. Wäre Dave nicht bei ihr gewesen, wer weiß, was passiert wäre. Vor ihrem Haus dauerten das Abschiednehmen und das Küssen einige Zeit, doch ihr amerikanischer Freund war anscheinend sehr müde. Als Luise im Bett lag, schlief sie gut und schnell ein, auch wenn Dave heute nicht an ihren gemeinsamen Abend gedacht hatte.

Beim Frühstück war die Stimmung gut. Lina konnte mit ihren neuen Hausbewohnern richtig zufrieden sein. Bei Bucheckernkaffee erzählten die beiden, dass Mutter Christa Bär in einer Wassertrüdinger Weberei einen Arbeitsplatz bekommen hatte. Elisabeth war noch auf der Suche, sie sollte sich am Vormittag bei einem Fiseur am Marktplatz vorstellen. Er hatte sein Geschäft zwei Häuser neben der Lammwirtschaft. Der Besitzer war auch zweiter Bürgermeister, was für die zwei Vertriebenen vielleicht auch einmal wichtig sein könnte. Luise wünschte ihr viel Glück, als sie sich nach dem Kaffeetrinken aufmachte, um sich in diesem Friseur-Salon vorzustellen. Mit Lina machte Luise aus, dass sie sich nächste Woche wieder Lesescheine für Brennholz holen wollten, um vielleicht wieder mit Ernst und Otto zusammen in den Eisler zu gehen. Lina wollte am Vormittag mit dem Fahrrad nach Obermögersheim, um Kartoffeln zu kaufen. Luise gab ihr dafür fünf Schachteln amerikanische Zigaretten mit.

An diesem Tag räumte Luise die Essküche auf, weil Lina sofort aufbrach. Luise dachte an die Beerdigung des getöteten Buben. Sie hatte keine Trauerkleider, und mit ihrer hellen Jacke und mit braunen Schuhen konnte sie nicht zum Friedhof gehen. Darüber wollte sie am nächsten Tag mit Lina reden. Elisabeth war noch bei ihr in der Küche. Sie begann von ihrer Flucht zu erzählen. Luise hatte das Gefühl, dass die junge Frau das Erlebte los werden wollte. „Weißt du, warum ich mit dem Pelzmantel meiner Oma am Wassertrüdinger Bahnhof angekommen bin?" fragte sie Luise. Sie verneinte und schenkte sich und Elsabeth noch eine Tasse Kaffee ein. „Meine Oma hatte mir in der Bukowina bei unserem Aufbruch gesagt, dass man auf der Flucht die wertvollsten Kleider anziehen soll, weil diese einem dann nicht abgenommen werden können. Für mich war dieser Rat Gold wert, denn in die großen Manteltaschen konnte ich das meiste von meiner Unterwäsche stopfen. Der Mantel wurde zwar sehr schwer, aber als die russichen Soldaten in unserem Zug alle Koffer mitnahmen, ging es für meine Familie trotzdem noch gut aus. Wir hatten alle teuere Winterstiefel, schöne Mäntel und ein paar Westen oder Jacken an. Die Dokumente versteckte meine Mutter in ihrem Mantel. Als wir in ein Durchgangslager in Polen kamen, merkten wir erst, wie gut der Rat unserer Oma gewesen war." „Da habt ihr ja auf der Flucht furchtbare Dinge erlebt!", bemerkte Luise. „Ja," fuhr Elisabeth fort. „Alle mussten mit dem wenigen, was wir hatten in Polen ganz neu anfangen. Wir kannten die Sprache nicht und unsere polnischen Dorfbewohner hassten uns, weil wir in den Häusern ihrer ehemaligen Nachbarn wohnten. In Polen lebten in unserem Dorf viele Bewohner aus der Bukowina, deswegen war es für die wenigen Polen auch schwierig. Wir wollten mit ihnen auskommen, aber die Voraussetungen waren denkbar schlecht." Luise spürte, dass Elisabeth sehr unsicher war. Deshalb machte sie ihr einen Vorschlag: „Wir gehen zusammen zum Marktplatz. Du stellst dich beim Friseuer vor. Er ist ein freundlicher Mann. Es wird schon mit einer Lehrstelle für dich klappen!"

Sie machten sich auf den Weg. Gegenüber vom Rathaus war der Friseur. Als sie sich verabschieden wollten, kamen zwei ältere Männer auf sie zu und schimpften: „Auf solche wie euch haben wir gerade noch gewartet. Uns fehlen Nahrungsmittel und Brennstoffe. Für uns selbst gibt es nicht genügend zu essen, und die Wohnungen reichen schon seit einigen Monaten nicht mehr für alle. Warum geht ihr nicht zurück, wo ihr hergekommen seid?" Luise brüllte die beiden an, die anscheinend schlecht hörten:"Haltet den Mund. Den Vertriebenen hat man alles abgenommen, was sie nicht auf dem Leib hatten. Ihr habt eure Häuser und Gärten behalten, da ist es nur recht und billig, wenn ihr den Landsleuten helft, denen es nicht so gut wie euch gegangen ist." „Hört euch diese freche Frau an," rief der eine zurück. „Wir betteln nicht und wir bleiben, wo wir hingehören. Mehr verlangen wir von euch ja auch nicht." Luise merkte, dass man mit Leuten, die so dachten, nicht reden kann. Sie drehte sich um und sagte zu Elisabeth: „Auf das dumme Gerede solltest du nicht hören. Viel Glück mit der Lehrstelle!". Wie jeden Tag war auch an diesem Tag vor dem Rathaus eine lange Schlange von Frauen und alten Leuten. Es gab wieder neue Lebensmittelkarten und neue Lebensmittelmarken. Da sie Zeit hatte, stellte sie sich gleich dazu. Ausgerechnet hinter ihr waren wieder die zwei älteren Männer, die laut über sie ihre Sprüche zum Besten gaben: „Ami-Hure und aus dem Norden Deutschlands. So etwas müssen wir durchfüttern!" Niemand in der Warteschlange stimmte zu, aber alle hielten den Atem an. Wie würde Luise reagieren? „Bin ich froh, dass es in Wassertrüdingen auch andere Menschen gibt. Ihr würdet mich wohl gerne verhungern lassen?" Die Frau vor ihr mischte sich nun auch ein: „Ihr alten Deppen, seid doch froh dass man euch nicht vertrieben hat. So wie ihr dasteht, würden euch die Mitmenschen weniger gerne helfen als der Luise!" Als die zwei merkten, dass die Mehrheit der Leute nicht ihrer Meinung waren, hörten sie auf gegen Luise zu sticheln. Doch sie schimpften weiter über den Bürgermeister, der die neuen Flüchtlinge zwei Tage zuvor verteilt hatte. Kurz bevor die beiden alten Störenfriede in das Rathaus durften, kritisierten sie die Amerikaner und die örtliche Polizei. „Den Mord an dem Toten vom Eislerkeller können sie nicht aufklären, aber uns überprüfen sie jeden Abend, ob wir pünktlich zu Hause sind. Auch den Tod des Buben an der Wörnitz vor zwei Tagen haben sie und die schneidige amerikanische Militärpolizei nicht verhindern können. Unterm Hitler wäre das nicht passiert. Der würde auch keine Flüchtlinge von wo auch immer bei uns hereinlassen!" Als sie im Rathaus verschwunden waren, meinte die Frau vor ihr: „Die zwei waren stramme Nazis. Sie trauern den Verbrechern nach, die willkürlich Leute ins Gefängnis gebracht und die einzelne Menschen in Wassertrüdingen drangsaliert haben. Wir sind froh, dass uns die Amerikaner von diesem Gesindel befreit haben." Luise stimmte der Frau dankbar zu.

Bald kam sie dran. Der Beamte gab ihr die neue Lebensmittelkarte und die aktuellen Lebensmittelmarken dazu. Luise fragte, ob sie die Karte und die Marken für Lina auch mitnehmen könnte, doch er lehnte dies ab und meinte: „Es ist zwar schön von ihnen, an ihre Vermieterin zu denken. Aber ich darf diese wertvollen Karten und Marken nur an die Menschen persönlich abgeben." Luise hatte das Gefühl, dass auch dieser Beamte ihr gegenüber freundlich war. Als sie draußen war, überlegte sie sich sich, wie viele Wassertrüdinger wohl den Flüchtlingen gegenüber feindselig eingestellt waren. Sie hoffte, dass nicht zu viele schlecht von den Vertriebenen dachten. Als sie schon einige Häuser vom Rathaus entfernt heimlief, hörte sie großes Geschrei in ihrem Rücken.

Sie drehte sich um und ging einige Schritte zurück. Auf dem Marktplatz kamen zwei amerikanische Militärpolizisten mit einem älteren Mann zum Rathaus. Der grauhaarige Mann schrie laut und schimpfte, doch sie verstand nur wenig, denn es war undeutlich und im fränkischen Dialekt. Ernst ging kurz hinter dem Verhafteten, den sie dann in die Poizeistation im Rathaus brachten. Was das zu bedeuten hatte, war ihr nicht klar. Es hatte den Anschein, als ob die Amerikaner im Auftrag von Ernst diesen Mann verhaftet hatten.

Daheim legte sie sich noch kurz auf ihr Bett, doch sie hielt es nicht lange aus. Sie stand auf und ging etwas früher als sonst in die Lamm-Wirtschaft. Georg freute sich, sie tranken noch zusammen einen amerikanischen Kaffee. Aus der Küche duftete schon Sauerkraut und Braten. Bald kamen die ersten Amerikaner.

Meistens waren sie anfangs aus der Schreibstube. Die anderen Soldaten kamen immer etwas später. Sie bediente alle wie immer sehr frendlich. Auch Dave tauchte schon zum Mittagessen auf. Er bestellte Schweinebraten und ein Bier. Als Luise das Bier brachte, sagte er: „Setz dich kurz zu mir. Ich bin eigentlich heute mehr wegen dir und weniger wegen des Mittagessens hier." Luise freute sich sehr und fragte, was es denn Wichtiges zu besprechen gäbe. „Du hast sicher mitbekommen, dass wir heute Vormittag einen Bauern aus einem kleinen Dorf hinter dem Hesselberg verhaftet haben. Meine Leute waren dabei, mussten aber nicht eingreifen. Er wird verdächtigt, einen Ostarbeiter Anfang

Februar erschlagen zu haben. Die Polizei nimmt an, dass das Skelett vom Eisler-Keller, dieser Erschlagene ist." Luise war plötzlich ganz aufgeregt: „Dann ist es gar nicht Linas Sohn. Karl lebt vielleicht in einem Gefangenlager und kommt irgendwann zurück. Hoffentlich stimmt das auch!" Dave meinte: „Sicher ist das Ganze nicht, doch es sieht danach aus. Als nächstes schreibt das Landratsamt an die polnische Heimatgemeinde dieses verschwundenen Ostarbeiters, ob er dort wieder aufgetaucht ist. Außerdem soll ein polnischer Zahnarzt das Gebiss überprüfen, wenn dies möglich ist. Sie werden eine Zeichnung der Zähne vom Skelett mitschicken. So lange ist es aber nicht sicher, wer der Tote war." Luise wusste nicht, ob sie froh oder traurig sein sollte. „Lina wird durch diese Nachricht", so ging es ihr durch den Kopf, „wieder an ihren Sohn erinnert. Zur Ruhe kommt sie bestimmt nicht, denn ihre Aufregung wird sich nur noch steigern. Jedes Mal, wenn es um den Toten vom Eisler-Keller geht, versetzen diese Gerüchte Lina in große Aufregung." Georg schaute von der Theke her, als wollte er sagen: „Jetzt musst du aber weitermachen." Als sie die nächsten Biere holte, sagte sie ihrem Chef am Zapfhahn: „Die Polizei vermutet, dass der heute morgen festgenommene Bauer im Februar einen Ostarbeiter erschlagen hatte. Dieser Tote könnte der Tote vom Eisler-Keller sein!" „An den Tisch neben der Türe kommen vier Biere!" antworterte der Wirt.

Es gab viel zu tun, und Luise kam kaum zum Nachdenken. Beim Abspülen der Gläser und der Teller fragte Luise dann Georg, ob Dave ihr Zimmer schon bestellt hatte. Der Chef grinste und meinte: „Das wird jetzt immer öfter belegt sein!" Wenigstens ihr Chef und einige andere Wassertrüdinger unterstützten sie. Als sie Kaffee tranken, meinte Georg: „Seit du mit Dave befreundet bist, bekommst du viel mehr Zigaretten als vorher." Luise hatte darüber noch nicht nachgedacht, aber es stimmte. Obwohl sie also nun fast vergeben war, erhielt sie von den meisten mehr Trinkgeld in Form von Zigaretten. Georg erklärte ihr: „Seit März bestand für die amerikanischen Soldaten ein Fraternisierungsverbot. Das hieß, sie durften nicht mit deutschen Frauen oder Männern eine Beziehung haben. Vor einigen Wochen wurde dieses ‚Verbrüderungsverbot', wie manche auch sagen, aufgehoben. So haben schon einige amerikanische und auch englische Soldaten engere Be-

Bahnhofswirtschaft (um 1900)

ziehungen zu deutschen Frauen." Luise hatte sich schon gewundert, warum es in Wassertrüdingen auch englische Soldaten gab. In ihrer Heimat am Rhein waren englische Besatzungstruppen. In Bayern stellten die Amerikaner die Besatzungstruppen. „Warum gibt es in Wassertrüdingen auch englische Soldaten?" fragte sie ihren Chef. „Das ist ganz einfach! Auf dem Hesselberg steht eine Radarstation. Das ist ein elektrisches Gerät mit dem man am Himmel Flugzeuge suchen und finden kann. Wie das funktioniert, weiß niemand so genau, aber die Engländer haben damit auch schon während des Kriegs Schiffe der Deutschen gesucht und aufgespürt! Weil die Station am Hesselberg sehr wichtig ist, sind die Engländer mit ihrer neuen Technik dort oben. Das englische Hauptquartier befindet sich im Schloss und in der Eisler Straße."

Nach dem Kaffeetrinken ging Luise in die Höllgasse, um nach Lina zu schauen. Sie war gerade vor dem Haus und unterhielt sich mit der Nachbarin. Luise überlegte, ob sie im Beisein dieser Frau von den neuen Nachrichten im Fall des Eisler-Toten erzählen sollte. Die beiden Nachbarinnen sprachen gerade über die Beerdigung des Jungen, der beim Spielen erschossen worden war. Luise hörte genau hin, denn die Nachbarin bot Lina an, schwarze Tücher zu bringen. Ihr Sohn hatte im Februar bei der Bombenexplosion am Bahnhof einen großen Ballen Tuch heimgebracht. Davon ließ sie sich zehn Meter schwarz färben. Luise fragte, ob sie auch davon etwas bekommen könnte. Die Nachbarin versprach ihnen so viel Stoff zu verkaufen, wie die Schneiderin für zwei Sommerkleider brauchte. Sie wollte sechs Packungen amerikanische Zigaretten und 25 RM. Als die Nachbarin gegangen war, erzählte Luise von den Ermittlungen im Fall des Toten vom Eisler-Keller. Lina schluchzte und zitterte am ganzen Körper. „Wenn diese Ungewissheit aufhören würde, dann hätte ich wieder mehr Ruhe." jammerte sie. Luise machte ihr aber klar, dass es noch ein bis zwei Wochen dauern würde, bis Nachrichten aus Polen über den Verbleib des Ostarbeiters eintreffen würden.

Am Abend war Luise wieder fleißg, denn die Wirtschaft war ziemlich voll. Kalter spielte auf dem Akkordeon. Das Essen und das Bier sowie der Schnaps ließen die Stimmung steigen. Der Schnaps floss in Strömen. Als Dave um kurz vor neun erschien, bekam er von Luise sofort ein Bier. Er bestellte sich noch Bratwürste, doch er trank nur wenig Bier und keinen Schnaps. Als die Wirtsstube sich leerte, wollten außer Dave noch zwei weitere Soldaten nicht heimgehen. Doch Georg bat Dave, die beiden heimzuschicken. So wurde es gemacht und dann trank Dave noch einen Schluck Bier und spendierte Luise einen kleinen Likör. Georg sperrte ab und bald danach gingen Luise und Dave hinauf in das schöne Zimmer. Sie schmusten noch ein wenig, bis Dave die Initiative ergriff. Luise fühlte sich richtig gut, denn Dave war ein rücksichtsvoller Partner. Als sie dann etwas später das Licht ausmachten, waren beide zufrieden und entspannt, denn ihr Liebesspiel war für beide angenehm und sehr schön gewesen. Sie lagen eng beieinander und unterhielten sich noch kurz, bevor sie nach diesem wunderschönen Abend einschliefen.

Fast hätten sie verschlafen, aber Dave musste um acht Uhr beim Appell hinter dem Postamt sein. Die Amerikaner stellten ihre Fahrzeuge in einem ehemaligen Lebensmittelgroßhandelsgeschäft ein. Dazu übernahmen sie auch einen LKW mit Fahrer dieser Firma. Dave musste also ohne Kaffee zu seiner Kompanie. Luise trank mit Georg Kaffee und schaute danach bei Lina vorbei. Sie traf eine vergnügte Runde an, denn Elisabeth hatte einen Ausbildungsplatz im Friseursalon an der Marktstraße erhalten. Deshalb brühte Lina guten Bohnenkaffee von den Amerikanern auf. Alle waren froh, dass nun Mutter und Tochter Arbeit hatten. Wie oft in den letzten Tagen kam auch heute wieder Ernst zur Kaffeezeit. Luise merkte immer deutlicher, dass er Lina nicht nur gern sah, er war auch ein bisschen in sie verliebt. Aber sie tat, als ob sie davon überhaupt nichts merkte. Luise nahm sich vor, mit ihr darüber einmal zu reden. Heute jedenfalls erzählte Ernst Mahler Genaueres von der Festnahme des mutmaßlichen Täters. Lina hatte wieder Tränen in den Augen, sie war untröstlich, als sie erfuhr, dass die Polizei wahrscheinlich in ein oder zwei Tagen den Mann wieder entlassen werde. Ernst erzählte weiter: „Es stellte sich heraus, dass der Festgenommene von einem Nachbarn angezeigt wurde, der mit ihm eine alte Rechnung offen hatte. Es könnte also gut sein, dass an den Vorwürfen gar nichts dran war. Der Nachbar des Festgenommenen wollte sich mit dieser Anzeige an dem verhassten Mann von nebenan rächen. Es ist alles wieder offen." Lina aber musste weiter mit der Angst leben, dass der Tote möglicherweise ihr Sohn Karl war.

Kurz darauf kam die Nachbarin mit den gefärbten Stoffen. Das brachte Lina und die ganze Kaffeegesellschaft auf andere Gedanken. Ernst wollte wissen, woher der Stoff war. Ihm war nicht ganz wohl bei der Sache, denn ein ganzer Ballen Stoff könnte von einem Schwarzmarktgeschäft stammen. Als ihm Lina genau erklärte, dass die Stoffe nach der Bombenexplosion am Bahnhof gefunden wurden, beruhigte er sich. „Das habe ich jetzt schon oft gehört. Als die Bombe den Munitionszug im Februar in die Luft fliegen ließ, fanden die Wassertrüdinger Butter, viele Bücher und jede Menge Stoff. Deshalb laufen zur Zeit schon einige Kinder und Frauen mit den gleichen Stoffen durch unser Städtchen." Luise konnte sich das gut vorstellen. In diesen Zeiten gab es kaum etwas zu kaufen, am wenigsten Stoffe und Kleider, da waren nicht gebrauchte neue Stoffe zum Mitnehmen fast wie ein Gewinn im Preisausschreiben. Lina fragte Luise: „Wie lang bist du heute noch im Haus. Kann ich die Schneiderin heute oder soll ich sie erst morgen Vormittag bestellen?" Luise dachte nicht lange nach: „Es ist besser morgen Früh, da kann ich vorher in der Wirtschaft Bescheid sagen. Holz holen wir dann übermorgen." Ernst blieb noch gerne sitzen, als er merkte, dass alle anderen aufbrachen.

Nach dem üblichen Mittagsdienst saßen Georg und Luise vor einer Tasse Kaffee, als Dave hereinstürmte. „Jetzt brauche ich ein Bier!" Luise zapfte das Getränk, während Dave erzählte: „Vor drei Stunden kam für zwei Trupps der Auftrag, sofort im Eisler einen Mann zu suchen und festzunehmen. Es dauerte nicht lange. Vier Soldaten sicherten außen den Wald und vier Soldaten durchkämmten den Wald von Wassertrüdingen Richtung Geilsheim." Nach einem großen Schluck fuhr Dave fort: „Der Mann ergab sich ohne Gegenwehr. Er hatte keine Papiere dabei. Deshalb wurde er im Rathaus von einem Militärpolizisten und von Hans Meier verhört. Der Festgenommene behauptete, dass er aus Tschechien vertrieben worden war. Er sei aber von dem Zug für die Flüchtlinge abgesprungen, weil er zu seiner Familie wollte, die im Schwarzwald eine Bleibe gefunden hatte."

Georg fragte Dave, ob er etwas essen wolle, aber Dave meinte: „Ich trinke noch ein Bier und bleibe dann gleich bis zum Abendessen bei Luise." Georg lachte und meinte: „Aber halte sie nicht zu sehr von der Arbeit ab! - Was machen jetzt die Amerikaner mit diesem Mann. Er kann alles mögliche behaupten. Vielleicht ist er ein großer Nazi oder ein gesuchter Verbrecher, was ja fast das Gleiche ist!" Luise fragte: „Wird der Mann eingesperrt? Mein Vater ist vielleicht auch auf der Flucht wie er. Seit eineinhalb Jahren haben meine Mutter und ich nichts mehr von ihm gehört. Vielleicht ist er aber auch in einem Gefangenenlager." Dave erklärte weiter: „Für flüchtige Menschen ohne Heimat und Papiere haben wir Lager. Dort wird der Festgenommene vermutlich hingeschickt.

Wir sagen DP-Camps, das sind Lager für ‚displaced persons', also für Leute ohne Heimat, die am falschen Ort leben, aber nicht heimgehen können. Erst wenn feststeht, dass der Festgenommene weiß, wo er hingehen kann, bekommt er eine ordentliche Entlassungsurkunde. Dann muss er sich auch nicht mehr im Wald herumtreiben und er kann auch am Tag auf größeren Straßen gehen. Man kann es kaum glauben, wie viele Menschen zur Zeit ohne Papiere unterwegs sind. Wovon leben diese Menschen? Sie stehlen, betteln und läuten an den Pfarrhäusern. In Großstädten gibt es manchmal Wärmeküchen und billige Nachtlager, aber das Leben auf der Straße ist furchtbar und erniedrigend."

Die Ruhe im Lamm war vorbei, denn es kamen die ersten Amerikaner zum „Fünf-Uhr-Bier", wie Georg manchmal sagte. An diesem Tag war es zwar erst kurz vor vier Uhr, aber Dienstschluss ist Dienstschluss. Als Luise kurz weniger zu tun hatte, setzte sie sich zu Dave und zwei anderen Amerikanern. „Hast du noch eine Frage," sprach Dave sie an. „Ja," meinte Luise. „Kannst Du oder kann jemand anderer nachschauen, ob mein Vater in einem solchen Lager ist? Dieser Gedanke hat mich jetzt umgetrieben." Dave meinte, dass das sehr schwer ist. „Aber ich werde auf jeden Fall unseren Major fragen, ob er sich vorstellen kann, wie man dieses Problem lösen könnte." Luise lachte ihn dankbar an, er sah nicht nur gut aus, er war auch hilfsbereit. Dave erwiderte: „Am liebsten wäre es mir, wenn wir herausfinden können, wo dein Vater zur Zeit ist. Noch schöner wäre es, wenn ich dir dann sagen kann, dass er gesund ist und dass es ihm gut geht."

Das Abendessen brachte Luise an diesem Tag wieder auf Trab, es war sehr viel los. Kalter spielte Akkordeon, und es wurden wieder sehr laut amerikanische Lieder geschmettert. Dass dabei viel Schnaps floss, war selbstverständlich. Georg machte ein bedenkliches Gesicht, denn seine Biervorräte neigten sich dem Ende zu, doch es reichte noch, bevor plötzlich der allgemeine Aufbruch einsetzte. Beim Bezahlen bekam Luise wieder viele Zigarettenpackungen. Natürlich rundeten alle auf oder legten noch etwas Geld auf den Betrag drauf. Abende mit Musik waren anstrengend und sehr laut, doch es war schöner, als wenn es zu ruhig gewesen wäre. Georg konnte als Wirt in dieser schlechten Zeit nicht klagen, es ging ihm sehr gut. Andere Wirte bekamen nur eine bestimmte Biermenge und ein bestimmtes Kontingent an Kartoffeln, Gemüse, Fleisch und Wurst, doch wenn er etwas brauchte, machte der amerikanische Kommandant das sofort möglich. Abgespült wurde an diesem Abend nicht mehr. Luise und Dave bummelten langsam in die Höllgasse. Ab und zu blieben sie stehen, umarmten und küssten sich und waren glücklich über diesen schönen Tagesausklang. Luise war froh, dass Dave sie noch nicht gefragt hatte, ob sie mit ihm in die USA gehen wolle. Sie war sich selbst nicht sicher, ob sie dieses Wagnis eingehen sollte. Einige junge Frauen aus Wassertrüdingen waren mit ihren amerikanischen Freunden gegangen, aber wie es mit ihnen weiter ging, das wusste sie nicht. Sie nahm sich vor, mit Lina einmal darüber zu reden. Mit einem langen Kuss verabschiedete sie sich von ihrem Freund.

Beim Kaffeetrinken am nächsten Morgen saßen Luise und Lina allein am Küchentisch. Christa und Elisabeth waren schon weg, denn sie mussten um 8 Uhr an ihren Arbeitsplätzen sein. So fragte Luise nun: „Weißt du eigentlich, wie es den jungen Frauen bisher geht, die mit amerikanischen Soldaten weggegangen sind?" „Ach Luise," meinte Lina, „keine von ihnen weiß genau, wie es weiter gehen wird. Die amerikanischen Soldaten sind ja die nächste Zeit bei den Besatzungstruppen in Deutschland. Also leben deren deutsche Freundinnen in wechselnden deutschen Städten als ‚Anhängsel' der amerikanischen Amee. Deutsche verspotten und verachten sie. Außerdem haben sie meist wenig zu tun, deshalb sitzen sie herum und warten jeden Tag bis zum Abend auf ihre Freunde." Luise war von dem Gehörten nicht erfreut. „Sind schon einige mit in die Vereinigten Staaten gegangen?" Lina antwortete: „Das weiß ich nicht, aber das ist sicher auch nicht einfach. Die andere Lebensweise und die schwierige Sprache, das ist alles ziemlich kompliziert."

Es klopfte an der Haustür. Die Schneiderin brachte den Stoff und wollte Maß nehmen von Lina und Luise. Während Luise wartete, bis sie an der Reihe war, machte sie nochmal Kaffee für die Schneiderin und für sie beide. Dabei beschäftigte sie das Gesagte sehr. Es war auf jeden Fall schwierig für die Frauen, die mit einem amerikanischen Soldaten weggingen. Was würden ihre Mutter und ihre Schwester dazu sagen? Wenn sie tatsächlich nach Amerika gehen würde, könnte sie beide kaum mehr sehen. Tatsächlich hatte sie ihre Mutter und ihre Schwester nun schon seit über fünf Monaten nicht mehr gesehen. Einzig und allein die Tatsache, dass kein Krieg mehr war, beruhigte sie, wenn sie an die Schwester und an ihre Mutter dachte. Dann war Luise an der Reihe. Die Schneiderin nahm Maß und zeigte ihnen ein mitgebrachtes Kleid. „Ein solches Kleid," sagte sie, „würde ich euch beiden vorschlagen. Es ist einfach, so wie es für festliche Anlässe und wie es auch für eine Beerdigung passt." Lina und Luise waren einverstanden. „Wer hat den Stoff gefärbt?" fragte Luise Mina Edelmann. Die Näherin erklärte, dass der Färbermeister aus der Mühltorstraße den Stoff schwarz gefärbt hatte.

Kurze Zeit später kam Ernst Mahler, er erhielt auch noch eine Tasse Kaffee. Für Lina war es nicht gut, was er erzählte: „Die Polizei glaubt nun immer mehr, dass der Verhaftete den Ostarbeiter nicht erschlagen hatte, sondern dass dieser geflohen ist, um sich bis in seine Heimat in Polen durchzuschlagen. Andere Nachbarn erzählten, dass der Arbeiter und sein Bauer sehr sehr oft gestritten hatten. Als der Pole plötzlich weg war, haben sich die meisten nichts dabei gedacht, nur ein Nachbar hatte die ‚Gunst der Stunde' genutzt und seinen verhassten Nachbarn einige Zeit später angezeigt. Die Tatsache, dass der Bauer erst einige Wochen später angezeigt wurde, lassen auch diesen Schluss zu." Für Lina war es furchtbar zu hören, dass der Fall wieder völlig offen war. Sie weinte und ließ sich kaum von Luise trösten. Ernst erzählte, dass der frühere Wassertrüdinger Bürgermeister in diesen Wochen in Dachau vor einem Gericht der Amerikaner stand. Lina wusste nicht, was man ihm vorgeworfen hatte, doch schien die Sache in der Kleinstadt Wassertrüdingen das Tagesgespräch zu sein. Aber auch diese Geschichte konnte Lina in ihrem Schmerz nicht ablenken. Die Schneiderin und der ehemalige Polizist verabschiedten sich und bedankten sich noch einmal für den guten Kaffee. Es hatte sich herumgesprochen, dass Lina und Luise nicht nur Bucheckern-Kaffe tranken, sondern auch guten Bohnenkaffee von den Amerikanern, und den hatten nur die wenigsten bisher bekommen.

Vor dem Rathaus war wieder eine lange Schlange von wartenden Menschen. Luise hörte, dass sich die Wassertrüdinger heute über die Volksschule und die Typhus-Baracke unterhielten. Sie ging in die Lammwirtschaft, wo Georg schon für sie eine Tasse Kaffee bereithielt. Ihr Chef begann von der Typhus-Station zu sprechen, denn es hatte auf der Rathaustreppe eine kurze Besprechung des Besatzungskommandanten mit dem Bürgermeister gegeben. Die Amerikaner beabsichtigten, die Quarantäne-Baracke am Krankenhaus für weitere mögliche Seuchen leerstehen zu lassen. Bürgermeister Richter wollte aber gerne drei Familien mit Flüchtlingen dort unterbringen. Am Vortag wurde festgestellt, dass mehrere Herumtreiber einige Nächte in der leerstehenden Baracke verbracht hatten. Sie hatten dort bis kurz vor Sonnenaufgang geschlafen und waren dann am Abend bei einbrechender Dunkelheit wieder in die Baracken zurückgekehrt. Dieses verbotene Verhalten war natürlich sehr gefährlich, da die Baracken seit dem Ende der Typhus-Epedemie im September noch nicht gereinigt worden waren. Erwischt wurden die Männer nicht, sie waren weiter gezogen. „Was hat die Volksschule mit der Seuchenbaracke zu tun?“ fragte Luise. „In der Volksschule in der Sauergasse sind fünf Flüchtlingsfamilien untergebracht worden, seit die Amerikaner vor zwei Monaten das Haus frei gemacht hatten.“

Wassertrüdinger Krankenhaus (um 1900)

Diese Erklärung von Georg war schwer zu verstehen, denn dann hätte wieder die Schule mit den Schülern und Lehrern in das Gebäude einziehen können. Aber Georg fuhr fort: „Als die Schule von den Amerikanern geräumt worden war, hielt man im oberen Rathaussaal vormittags für die Klassen 1 bis 4 Unterricht und am Nachmittag gingen die Schüler der Klassen 5 bis 8 dort zur Schule. Man hatte nur sehr wenig Lehrer, also ließ man die Schule weiter im oberen Stock des Rathauses, dafür konnte man fünf Flüchtlingsfamilien im Schulgebäude unterbringen. Wenn zwei oder drei Familien aus der Volksschule zukünftig in die bisherigen Seuchenbaracke umziehen könnten, wäre wieder Platz für Schüler und Lehrer im Schulgebäude.“ Luise hatte sich schon oft gewundert, dass kurz vor zehn Uhr die kleinen Schüler aus dem Rathaus stürmten und die anderen Kinder dann mit ihren

Büchern hineingingen. Nur einige von ihnen hatten Schulranzen. Am Nachmittag teilten sich dann die größeren Schüler je eine Hälfte der Zeit zwischen ein und sechs Uhr. Georg erklärte weiter: „Für Wassertrüdingen wird es immer schwieriger, noch mehr Vertriebene aufzunehmen, Unsere Stadt hatte vor dem Krieg 1600 Einwohner, jetzt sind es 2500. Zusätzlich sind es weniger Wohnhäuser, die bezugsfertig sind. Wohnraum fehlt an allen Ecken und Enden. Wie du siehst hat unsere Stadt sehr viele Flüchtlinge aufgenommen.".

Georg sprang auf und sagte: „Jetzt haben wir uns aber viel zu lange unterhalten." Kurz darauf kamen schon die ersten Mittagsgäste. Luise bediente wieder, doch sie musste noch oft an die vielen Flüchtlingsfamilien denken, die nach Wassertrüdingen gekommen waren. Sie hatten fast nichts, womit sie zusätzlich Essen hätten kaufen können. Außerdem sollten die Männer und die Jugendlichen arbeiten oder einen Beruf erlernen. Das war wirklich schwierig, Christa und Elisabeth hatten Glück gehabt, dass Lina viele Bekannte hatte.

Eine ungewisse Zukunft

Als Luise Kaffeepause machte, hatte Georg noch in der Küche zu tun. Sie fragte sich gerade, wann Dave heute wohl kommen würde, als die Tür aufging, und er mit einem Soldaten aus seiner Gruppe hereinkam. Sie setzten sich zu Luise an den Tisch und erzählten von einem seltsamen Vorfall. Georg in der Küche hatte auch zugehört und kam sofort dazu. Sie tranken gemeinsam Kaffee, alle waren neugierig, was passiert war. Der Soldat erzählte auf Englisch und Dave übersetzte: „Ein Landwirt aus Wassertrüdingen hatte von der Straße in Richtung Oettingen in seine Wiese fahren wollen, doch er bemerkte ein großes langes ‚Seil', das so dick war wie sein Unterarm. Damit er gut darüber kam, fuhr er einen großen Bogen, um das schwarze ‚Tau' frontal überqueren zu können. Die eisenbereiften Holzräder knirschten, als er darüberfuhr. Eine amerikanische Patrouille kam zufällig vorbei, als der alte Bauer gerade über das ihm unbekannte Teil fuhr. Die Gi's verhafteten ihn sofort. Das Fuhrwerk mit zwei vorgespannten Kühen wurde von einem Soldaten nach Wassertrüdingen gefahren." Die beiden Soldaten tranken einen kräftigen Schluck Bier. Der Wirt aber wollte wissen, was dieses lange „Seil“ eigentlich sei. Dave erklärte: „Das Seil ist ein dickes Kabel für Telefonleitungen. Es wurde von den Nazis gebaut, und alle Gespräche zwischen Süddeutschland und Berlin liefen damals über dieses Kabel in der Erde. In Wassertrüdingen war ein unterirdisches Verstärkeramt, aber alles war so geheim, dass die Wassertrüdinger gar nicht genau wussten, was da in ihrer Stadt gebaut worden war.“ „Warum wird es nun ausgegraben?“ fragte der Wirt weiter. „Das ist streng geheim, aber der dumme Bauer wird jetzt wegen Sabotage eingesperrt.“

Luise dachte nach. „Jeden Tag ist in dieser kleinen Stadt irgend etwas los. Die Zeiten sind doch sehr unruhig,“ sagte sie seufzend. „Was in den letzten Wochen in Wassertrüdingen passiert ist, das geschah in meinem Heimatort höchstens in einem halben Jahr.“ Georg meinte nachdenklich: „Ich glaube ich weiß, wer der Bauer ist. Es ist der Dallheim, der jeden Tag drei- oder viermal mit seinem Kuhgespann am Bahnhof die Gäste mit Koffern und Schachteln abholt. Bei uns gibt es keine Mietdroschken wie in den Großstädten. Dallheim hat das sicher nicht mit Absicht gemacht, der wusste eben nicht, dass das ein Telefonkabel war. Bisher waren die Telefonleitungen nur in der Luft auf hohen Stangen zu sehen, aber im Boden, das war mir auch neu.“

Dave wechstelte das Thema. „Der Tote vom Eisler ist immer noch ein aktuelles Thema in der Stadt. Heute morgen gab es ein Gespräch zwischen der Stadtpolizei und der zuständigen Militärpolizei. Man hatte festgestellt, dass der Tote auch aus dem Nachbarlandkreis Nördlingen sein könnte. Also werden nun auch die Verschwundenen im nördlichen Teil des Landkreis Nördlingen abgefragt. Dabei ist der Fall eines Verschwundenen aus Dornstadt besonders ins Blickfeld geraten. Die Ermittlungen werden also ausgeweitet, weil man bisher nicht viel herausgefunden hat.“ Dave erzählte, dass viele Rieser, also die schwäbischen Nachbarn, sich für den Fall interessieren, weil die Menschen aus einigen Dörfern von Wassertrüdingen aus mit der Bahn fahren. „Der Bierkeller,“ fuhr Dave fort, „war Fundort der Leiche, er liegt genau neben der Eisenbahnlinie und dem Wassertrüdinger Bahnhof, es ist nur der Mühlbach dazwischen. Auch aus dem Gunzenhausener Landkreis könnte der Tote vom Eislerkeller stam-

Ochsengespann am Bahnhof (ca. 1960)

men." Luise kannte sich in der Gegend noch nicht so gut aus, doch Dave bestätigte, dass mindestens drei Vermisste neu als mögliche Opfer in Betracht kamen. Das Skelett verfolgte Luise nun schon einige Tage. Der Schlag des Schädels auf das Marktplatzpflaster ging ihr nicht aus dem Kopf. Sie hätte etwas darum gegeben, wenn der Mord aufgeklärt worden wäre, dann hätte sie wieder mehr innere Ruhe gehabt. Und Lina wüsste dann auch, ob dieser Tote ihr Sohn Karl war.

Dave bezahlte und frage sie, ob er ein Zimmer für heute Abend bestellen sollte. Luise lachte ihn an und sagte: „Schön dass du mich frägst, obwohl du weißt, dass ich dafür bin!" Dave lachte und ging in die Küche zum Wirt. Der Abend zog sich für Luise viel zu lange hin. Obwohl der Akkordeonspieler nicht da war, ging es hoch her. Schnaps floss in Strömen und als Dave hereinkam, riefen ihm einige Soldaten zu, dass für ihn noch Platz sei. Dave setzte sich an den Tisch bei der Theke und bestellte Bratwürste mit Bratkartoffeln. Luise hatte kaum Zeit mehr mit ihm zu sprechen, aber sie wusste ja, dass er heute mit ihr im Lamm bleiben würde. Was nicht oft vorkam, geschah kurz vor zehn Uhr. Zwei Soldaten gerieten aneinander und wälzten sich prügelnd auf dem Boden. Dave stand auf und befahl ihnen laut: „Hört auf, sonst lasse ich die Militärpolizei rufen!“ Das wirkte, denn die amerikanische Militärpolizei griff hart durch. Dave wies die beiden an, sich weit auseinander zu setzen. Bald danach zahlten die ersten GIs. Sie vergaßen auch an diesem Abend nicht, Luise reichlich Trinkgeld in Form von Zigaretten und Geld zu geben. Kurz vor elf Uhr waren Luise und Dave mit dem Wirt schon allein. Ein Bier für Dave und einen Likör für Luise brachte Georg auf Kosten des Hauses. Anscheinend gefiel ihm Dave als möglicher Partner seiner Bedienung. Kurz darauf ging Georg in sein Schlafzimmer. Gleich danach löschten Dave und Luise das Licht. Sie schauten, ob alles gut abgeschlossen war und gingen dann in den ersten Stock.

Liebevoll begannen die beiden sich zu umarmen. Auch wenn die Bettdecke ungewöhnlich schwer war, liebten beide das Bett, weil es zu zweit zwischen den schweren Daunen sehr schön warm war. Sie liebten sich heftig und waren danach in einer herrlichen Hochstimmung. Vor dem Einschlafen konnte Luise nicht anders. Sie musste Dave fragen, wie er über die Zukunft für sie beide dachte. Sie selbst hatte keine Vorstellung. Die Ungewissheit beunruhigte sie, denn sie wusste überhaupt nicht, welche Möglichkeiten es für sie beide als Paar gab. Dave hatte zwar nicht auf diese Frage gewartet, aber er wusste, dass Luise in einer großen Unsicherheit gefangen war. Gerne hätte er ihr genau gesagt, wie es weiter gehen könnte, aber er erklärte ihr: „Wenn ich genau wüsste, wie es mit uns beiden weiter geht, hätte ich schon längst mit dir darüber geredet, aber ich weiß es nicht. Sicher bin ich, dass ich wieder in die Staaten zurückgehen werde. Mein Vater ist nicht umsonst in die Vereinigten Staaten von Amerika ausgewandert. Wenn du mitkommst, wird es dir bei uns sicher auch gut gefallen. Einige wenige Deutsche sind wieder zurück nach Europa, aber die große Mehrheit ist drüben geblieben und heute sehr zufrieden.“ Luise glaubte ihm, doch nicht alle Menschen sind gleich.

Wie wäre es für sie in der Fremde? Würde sie in Amerika nicht mehr die Ami-Hure sondern die deutsche Hure sein? Luise gingen Fragen über Fragen durch den Kopf. Nach einer Pause fragte sie Dave. „Wie geht es mit dir in Deutschland weiter. Wie lange bleibst du in Wassertrüdingen? Wohin gehst du in Deutschland als nächstes? Kann ich dann mit dir gehen? Oder werden wir getrennt?“ Daran wollte Luise gar nicht denken. Dave wartete ein bisschen mit der Antwort auf die vielen Fragen: „Von einigen Kollegen weiß ich, dass sie auch eine deutsche Freundin oder Braut haben. Bei jedem hat sich die Beziehung anders entwickelt. Einige Frauen sind mit der Truppe in die nächste Stadt gegangen, um dort Arbeit zu suchen und um die Verbindung nicht abreißen zu lassen. Andere besuchen sich ab und zu, schreiben sich und telefonieren.

Ganz wenige Soldaten konnten schon in die Heimat über den Atlantik zurück, mit ihnen sind auch schon einige Frauen gegangen.“ Luise meinte, dass zu der Ungewissheit über das Schicksal ihrer Familie die Frage nach der Zukunft für sie beide kommt. „Obwohl wir uns lieben, schlafe ich manchmal schlecht, wegen dieser vielen offenen Fragen!“ bekannte Luise. Dave versuchte nun zu erzählen, was Luise in den Vereinigten Staaten erwarten würde. „Arbeit gibt es für alle genug. Die Häuser sind billiger als in Europa und fast jede Familie fährt ein eigenes Automobil. In allen Orten sind europäische Auswanderer, mit denen man Kontakt halten könne. Die wissen in manchen Situationen, was zu tun ist, da sie ja vorher in der gleichen Lage gewesen waren.“ Luise stellte noch mehrere Fragen. Später lagen sie sich in den Armen und schliefen ein.

Am nächsten Tag tranken Luise und Dave zusammen im Lamm Kaffee. Sie waren zuerst sehr schweigsam. Dave erzählte dann, dass es heute zu einem wichtigen Gespräch zwischen Bürgermeister, Polizei und dem Kommandeur der Amerikaner komme. Die Unterbringung neuer Flüchtlinge, die Sicherheitslage und die ungeklärten Fälle der Polizei, die Energie- und Lebensmittelversorgung, die Fragen zum Schwarzen Markt und viele andere Themen seien wichtig und zur Zeit besonders dringend. Auch die Amerikaner seien sehr interessiert an klaren Anordnungen und Verordnungen, damit die Bevölkerung sich auch danach richten könne. Dave selbst wusste, was bei der Lebensmittelversorgung alles im Argen lag. Mit seinem Dolmetscher war er oft auf den Dörfern in den Brauereien oder bei den Metzgern. Sie würden gerne mehr brauen beziehungsweise mehr Tiere schlachten, doch

Rathaus (ca. 1950)

die Lebensmittelmarken verhinderten, dass die Bevölkerung genügend kaufen konnte. Also wurde viel schwarz getauscht oder auf dem Land gehamstert. Luise kannte auch diese Ungereimtheiten, doch der einzelne konnte nur durch Betteln oder durch Dazukaufen mit dem eigenen Geld auf dem Schwarzen Markt satt werden. Nachdem Dave zu seiner Einheit gegangen war, schaute Luise bei Lina in der Höllgasse vorbei. Natürlich war sie nicht allein. Ernst saß mit ihr am Küchentisch. Er erzählte auch von der großen Besprechung im Rathaus. Mit Luise planten sie dann, dass sie übermorgen am Montag wieder zum Eisler wollten, um nochmal Holz zu sammeln. Ernst versprach mitzukommen. Vielleicht würde auch Otto mit seinem Schäferhund wieder dabei sein. Diese Ankündigung ließ Luise aufatmen, denn es würde übermorgen wieder am Eisler-Keller vorbei gehen, wo man das Skelett gefunden hatte.

Nach dem Frühstück gingen die beiden Frauen gleich zum Rathaus. Es warteten nur zwei Personen. Deshalb kamen sie schnell dran. Der Beamte sagte ihnen, dass sie in vierzehn Tagen nur einmal sammeln dürften, doch da es erst das zweite Mal in diesem Jahr war, drückte er ein Auge zu. Lina fragte, ob die neuen Flüchtlinge auch sammeln dürfen, was der städtische Beamte bejahte. Ernst bekam nach ihnen auch einen Holz-Leseschein.

Luise ging noch mit zurück in die Höllgasse, da ihr Dienst noch nicht begann. Unterwegs trafen sie den Postboten. Der alte Mann rief ihnen zu, dass er für Luise einen Brief hatte. Luise nahm den Brief in Empfang und freute sich, denn es war eine Nachricht von ihrer Mutter. Gleichzeitig hatte sie aber auch ein schlechtes Gewissen, denn seit drei Wochen hatte sie nicht mehr ins Ruhrgebiet geschrieben. Noch auf dem Marktplatz riss sie neugierig den Brief auf. Ihre Mutter schrieb, das sie aus einem Gefangenenlager im Osten Deutschlands ein Lebenszeichen ihres Mannes bekommen hatte. Ihr Vater war am Leben und gesund. Auch von ihrer Schwester Helga stand eine Nachricht im Brief: „Sie war als Krankenschwester in einem Lazarett in Berlin gewesen, jetzt lebt sie in Mecklenburg in einer Kleinstadt." Warum sie so lange nicht geschrieben hatte, wusste die Mutter nicht. Lina freute sich mit Luise über die guten Nachrichten. In der Höllgasse stand die Schneiderin vor dem Haus mit den Trauerkleidern. Sie gingen ins Haus und probierten die Kleider. Sie passten, doch die schwarze Farbe machte eine richtig traurige Stimmung. Luise bezahlte die Schneiderin mit drei Schachteln Zigaretten. Lina zückte ihren Geldbeutel, aber die Schneiderein nahm von ihr kein Bargeld, sie wollte stattdessen einen halben Sack Kartoffeln im Frühjahr. Luise behielt das Kleid an und ging zur Arbeit ins Lamm. Um zwei Uhr war die Beerdigung angesetzt. Lina und Luise wollten sich auf dem Friedhof treffen.

Ihr Chef im Lamm merkte sofort, woher der Stoff des Kleids war. Er sagte: „Vorhin traf ich eine Frau aus der Kapellgasse vor dem Haus, die hatte das gleiche Kleid an. So schlimm die Bombe am Bahnhof gewesen ist, die Stoffe können die Wassertrüdinger Frauen gut brauchen." Luise fragte, ob sie heute während der Kaffeezeit zur Beerdigung gehen könnte. Georg meinte, dass er lieber die Kaffeegäste bedienen würde, als auf die Beerdigung zu gehen. Der Mittagsbetrieb war ruhig. Einige fragten nach der schwarzen Farbe ihres Kleids. Während der Essenszeit fuhren Fahrzeuge auf dem Marktplatz vor. Anscheindend war jetzt die angekündigte Besprechung. Für Luise war das schlecht, denn nach einer Dreiviertelstunde kamen alle aus dem Rathaus ins Lamm und wollten essen. Luise hatte alle Hände voll zu tun. Plötzlich war Hochbetrieb, doch sie konnte einige Minuten vor zwei zum Friedhof gehen. Georg brachte die restlichen Getränke und kassierte.

Auf dem Friedhof hatten weit über die Hälfte der Frauen Trauerkleider aus den gleichen Stoffen. Es waren so viele Menschen auf der Beerdigung, dass die Feier auf dem Friedhof stattfand, denn für die vielen Leute war die Friedhofskirche zu klein. Luise stand sehr weit hinten und verstand fast gar nicht, was der Pfarrer sagte. Es waren sehr viel junge Leute anwesend, was nach diesem tragischen Tod verständlich war. Luise erinnerte sich, dass Ernst ihnen gesagt hatte, die Polizei suche nicht mehr nach dem Täter, weil es ganz sicher ein Zwölf- oder Dreizehnjähriger gewesen war und weil keine Absicht erkennbar war. Die Kinder hatten mit den gefährlichen Waffen gespielt. Natürlich wurde den Kindern immer wieder gesagt, dass sie Fundmunition liegenlassen und melden sollten, doch die Fundmunition und die Waffen hatten die Buben zu sehr gereizt, so dass sie alle vergaßen, vorsichtig zu sein. Ernst hatte allerdings über die alten Männer aus Wassertrüdingen geschimpft, die von den Waffen und Munitionsresten gewusst, aber nichts unternommen hatten.

Nach der Beerdigung sprach eine fremde Frau Luise an. Sie fragte: „Sind sie auch mit einem Amerikaner befreundet?“ Luise bestätigte diese Vermutung. Erregt sprach die Frau weiter: „Die Beschimpfungen tun furchtbar weh, weshalb ich froh bin, wenn ich mich einmal mit einer Leidensgenossin unterhalten kann!“ Luise sprach noch länger mit der Frau. Die Einheimische lebte in einem Dorf Richtung Dinkelsbühl. Für sie waren der Spott und die Beschimpfungen schlimmer, da sie im Dorf alle kannten. Luise wollte wissen: „Weißt du dann schon, oder wisst ihr schon, wie es mit euch beiden weitergeht?“ „Das wollte ich dich auch fragen,“ war die Antwort. „Mein Freund weiß nicht, wie lang seine amerikanische Einheit noch hier in der Gegend sein wird, oder wo es dann hingeht. Wenn möglich, werde ich aber mit ihm gehen und später auch in die Vereinigten Staaten auswandern. Wir haben einen Onkel in den USA, er hat mir schon oft geschrieben, dass ich auch auswandern solle.“ Luise sagte, dass sie in der Höllgasse bei Lina Herzog lebe. Die neue Bekannte versprach an einem der nächsten Vormittage vorbeizuschauen, damit sie sich ausführlicher unterhalten könnten.

Am nächsten Morgen war Ernst wieder pünktlich zum Frühstück da. Sie wollten gemeinsam in den Eisler Wald gehen zum Holzsammeln. Nachdem Dave sie auch gestern heimbegleitet hatte, war Luise in einen Tiefschlaf gefallen. Zufrieden saß sie am Morgen mit Lina, Ernst und Christa am Frühstückstisch. Kurz wurde über die Beerdigung gesprochen. Doch bald brachen Sie Richtung Eisler auf. Luise schob wie beim letzten Mal das alte Fahrrad von Lina. An der Eisenbahnunterführung wartete schon Otto mit seinem Schäferhund. Kurz nach dem Steg über den Schobdacher Bach stießen sie linkerhand auf den Bierkeller, wo man das Skelett gefunden hatte. Luise und Lina versuchten nicht darüber zu reden, und nach einigen Minuten waren sie erleichtert, diese scheußliche Stelle hinter sich zu haben. Sie marschierten wieder auf der südlichen Seite des Eisler Walds hoch, doch diesmal gingen sie etwas weiter. Zu viert begannen sie mit zwanzig Metern Abstand den Wald zu durchqueren. Es dauerte einige Minuten, bis sie Holzreste fanden. Sie hatten Glück, anscheindend hatten in den letzten Tagen die Menschen mehr im Baudenhard und im Forst Holz gesammelt.

Bald hatten sie ihr Holz beisammen. Plötzlich schlug der Hund an. Er kam angerannt und bellte seinen Besitzer an. Otto und Ernst folgten dem Hund, der sich ziemlich schnell entfernte. Luise und Lina hofften, dass der Hund nur Gegenstände gefunden hatte. Nach einer knappen Viertelstunde kamen die beiden Männer zurück. Sie hatten einen Rucksack mit Kleidungsstücken, Waschutensilien und, das war erstaunlich, mit einem Tagebuch gefunden. An der Fundstelle unter einem Fichtenzweig ließen die beiden einen Zettel zurück, auf dem sie den Vermissten aufforderten, zum Wassertrüdinger Rathaus zu kommen, um sich seine Habe abzuholen. Alle waren froh, dass der Unbekannte nicht anwesend war und dass er auf niemand von ihnen losgegangen war.

Zufrieden mit dem gefundenen Holz gingen sie zurück, um sich alle bei Lina in der Küche zu treffen. Sie hatte ihren besten Kaffee aufgebrüht und jeder bekam ein Stück Kuchen. Ernst meinte: „Wenn der Unbekannte ins Rathaus kommt, wird ihm vielleicht sogar geholfen. Viele sind aus Gefangenenlagern weggelaufen. Wenn sie Ausweise bei sich haben und wenn ihre Geschichte glaubwürdig klingt, dann darf der Bürgermeister Begleitpapiere ausstellen. Die Flüchtigen wissen das noch nicht, deshalb laufen sie nur nachts und am Tag schlafen sie im Wald oder in einsamen Scheunen oder Hütten." Luise sagte: „Vielleicht war der Tote vom Eisler auch so ein armer Flüchtling, der versucht hatte, sich zu seiner Familie durchzuschlagen." Als sie heute zweimal am Eisler-Keller vorbeigekommen waren, dachte sie jedes Mal an die dort gefundene Leiche, doch sie konnte mittlerweile ohne große Angst daran vorbei gehen. Im Kopf spukte zwar immer noch der Totenschädel herum, wie er mit lautem Krach auf das Kopfsteinpflaster geknallt war, aber der Bierkeller machte ihr keine große Angst mehr.

Luise musste erst um zwei Uhr im Lamm sein. Sie hatte nichts zu Mittag gegessen, aber von Georg bekam sie zwei Stück Kuchen und dazu den guten Kaffee. Georg setzte sich zu ihr und erzählte, dass die Amerikaner und die deutsche Polizei vier Frauen eingeladen hatten, weil deren Männer oder Söhne im letzten Winter verschwunden waren. Heute wurde diesen Frauen im Rathaus die von einem Polizisten angefertigte Zeichnung des Toten gezeigt, wie er ausgesehen haben könnte. Luise wusste, dass diese Zeichnung im Kopf von Lina immer wieder auftauchte, sie brachte diese Zeichnung nicht mehr aus dem Gedächtnis. Das Bedienen und der normale Gasthausbetrieb schienen heute nur ganz langsam voran zu kommen. Luise konnte es gar nicht erwarten, bis sie mit Dave allein war. An diesem Abend spielte Kalter wieder viel. Der Gesang und die Musik waren furchtbar laut, so dass Luise der Kopf dröhnte, aber sie machte gute Miene zum lauten Spiel, denn sie wusste, dass das wichtig war für ihr Trinkgeld. Sie wurde auch von einigen Amerikanern angesprochen, die sie wie eine gute Bekannte behandelten, also ziemlich vertraut. Dave hatte nichts dagegen, er war stolz, dass dass die Amerikaner sie gern sahen und dass sie mit den GIs so gut zurechtkam. Der Wirt freute sich über das gute Geschäft.
Auch an diesem Abend verzog sich Georg sehr schnell, denn er wollte die Liebenden nicht stören. Nach einem Bier für Dave und einem Likör für Luise gingen die beiden gerne in das hintere Zimmer im ersten Stock. Sie unterhielten sich nicht lange und liebten sich hingebungsvoll. Luise wälzte an diesem Abend keine Probleme, sie lagen eng aneinander und schliefen zufrieden ein. Am nächsten Morgen hatte Georg Kuchen zum Frühstück, denn es war Sonntag. Luise und

Dave waren schon um 9 Uhr in der Wirtsstube, wo der Kaffee richtig gut duftete. Einige amerikanische Fahrer kamen, um auch Kaffee zu trinken. Sie sollten sich um neun Uhr beim Kommandanten melden, aber von den Offizieren war keiner da. Als sie vor ihrer zweiten Tasse saßen, kam der zurückgelassene Fahrer und meinte, dass alle in einer Viertelstunde antreten müssten. Dave fragte die Soldaten, ob sie etwas von den Vernehmungen von gestern erfahren hätten. Nur einer wusste etwas. Er meinte, die Befragungen hätten nichts gebracht, außer dass zwei der Frauen gesagt hatten, dass es möglicherweise ihr Mann oder Sohn gewesen sein könnte. Alles war wieder offen. Georg betonte, dass es wichtig wäre für die Stimmung in der Bevölkerung, dass dieser brutale Mord aufgeklärt würde. Dave pflichtete ihm bei.

Luise ging anschließend noch in die Höllgasse, um Lina die schlechte Nachricht von der erfolglosen Befragung zu bringen. In ihrem Zimmer schrieb sie dann einen Brief an ihre Mutter. Fast wäre sie zu spät an ihre Arbeit gegangen, denn über dem Schreiben hatte sie ganz die Zeit vergessen. Ihre Gedanken an die Mutter, an an den Vater, an ihre Schwester und an den vermissten Bruder beschäftigten sie sehr. Aber am nächsten Tag würde sie den Brief schon fertig schreiben können. Luise musste an die Arbeit im Lamm, denn am Sonntag kamen immer sehr viele Amerikaner zum Mittagessen. Neben Schweinebraten und Bratwürsten gab es auch Rehbraten. Da die Jäger bei den Besatzungstruppen ihre Gewehre abgeben mussten, gingen sie manchmal mit amerikanischen Soldaten auf die Jagd, die dann Rehe und Hasen schossen. So kam der Lammwirt zu seinem Rehfleisch, das die Amerikaner dann als Rehbraten serviert bekamen. Die Jäger waren froh, dass sie mit den Amerikanern in ihr Revier gehen konnten, denn so blieb der Wildbestand so, wie ihn die Waldbesitzer haben wollten. Ab und zu hatte sicher auch ein Jäger selbst geschossen, wenn der betreffende Amerikaner einverstanden war. Auf jeden Fall bekamen die deutschen Jäger nach der Jagd immer einige Biere und Schnäpse bezahlt.

Der Abschied naht

Am Nachmittag brachte Lieutenant Pit Wright den Wassertrüdinger Bürgermeister mit zum Stammtisch. Gegen fünf Uhr saßen dann einige amerikanische Unteroffiziere neben den beiden. Luise meinte gehört zu haben, dass es um den Abschied der amerikanischen Einheit in Wassertrüdingen ging. Sie verstand kaum amerikanisch, doch manches wurde für Bürgermeister Richter von einem GI ins Deutsche übersetzt. Luise war wie elektrisiert. Das könnte ja bedeuten, dass sie sich zwischen Wassertrüdingen und Dave entscheiden musste. Kurz nach sechs Uhr kam ein amerikanischer Militärpolizist und meldete dem Vorgesetzten etwas auf Englisch. Es muss etwas Unerwartetes gewesen sein, denn das Erstaunen in den Gesichtern war deutlich zu erkennen. Nach dem Abendessen gingen viele der Soldaten recht früh, weil einige seit dem Mittagessen im Gasthaus gewesen waren. Endlich tauchte Dave auf. Bis acht Uhr abends hatte er Dienst gehabt und schaute Luise ernst an. Er bestellte sich Bratwürste mit Kraut und ein Bier. Sie brachte ihm das Bier, und Dave fragte sie ob sie etwas Zeit für ihn habe. „Ich habe für dich immer Zeit," sagte sie. „Aber ich gebe noch drei Bier aus, dann komme ich." Luise ahnte schon, dass es um die Verlegung der Amerikaner gehen würde.

Kurz danach saß sie bei Dave am Tisch. Er war etwas verlegen, als er begann: „Ich weiß nicht, wie ich es Dir sagen soll. Meine Einheit wird in einigen Tagen verlegt. Wann genau, dürfen wir niemand sagen, doch am gleichen Tag wird eine andere amerikanische Kompanie die Besatzung von Wassertrüdingen stellen. Am Abend davor wird hier noch einmal richtig gefeiert, denn nicht nur mir hat es in Wassertrüdingen gefallen. Alle meine Kollegen waren hier sehr zufrieden." Er trank einen Schluck Bier und rutschte näher zu Luise:

„Wir zwei müssen dann genau wissen, was wir tun sollen. Willst du mit oder bleibst du hier? Wenn du hier bleibst, besuche ich dich ab und zu und wir schreiben uns und telefonieren? Was meinst du?" Lina hatte befürchtet, dass an diesem Abend die Entscheidung fallen könnte. Sie war sich selbst nicht sicher, genau genommen wusste sie nur, dass sie Dave liebte. Aber was das Beste für sie beide war, war ihr unklar, auch wenn sie schon oft darüber nachgedacht hatte. „Lieber Dave, können wir die Entscheidung nicht auf übermorgen verschieben. Da fällt es mir zwar auch nicht leichter zu entscheiden, aber da kann ich wenigstens in Ruhe darüber nachdenken."

Sie musste ihre Tränen zurückhalten, das Glück, das sie mehrere Tage empfunden hatte, war zerbrochen. Wie sollte es weiter gehen. Ihr fielen in Sekundenschnelle ihre Mutter, der Vater, der Bruder und ihre Schwester ein, was ihre Stimmung noch mehr verschlechterte. „Dave, ich muss weiter bedienen, was ganz gut ist, denn da komme ich auf andere Gedanken. Wir sprechen heute Abend weiter." Sie stand auf und Dave setzte sich zu den Offizieren an den Tisch. Obwohl viel Betrieb herrschte, kam ihr der Abend endlos lang vor. Um elf Uhr waren sie dann mit Dave und Georg allein, der zu ihnen beiden sagte: „Jetzt kommt der Abschied und die Trennung, oder?" „Wenn ich das wüsste," antwortete Luise. Dave betonte: „Wohin wir gehen ist völlig geheim. Meistens geht es ein- bis zweihundert Kilometer weiter." Georg spendierte Luise wieder einen Likör und Dave ein Bier. Er verabschiedete sich und meinte: „Ich wünsche euch beiden viel Glück! Schlaft gut!" Luise war sich nicht sicher, ob sie heute einschlafen würde. In der Gaststube versuchte Dave Luise etwas aufzuheitern. Er erzählte von der schönen Landschaft in Pennsylvania. Das Wetter sei etwas wärmer als in Deutschland und im Sommer feuchter, aber es gäbe sehr viele Deutsche, die dort als „Dutch" bezeichnet würden. Sie könnte drüben den Führerschein machen, um selbst Auto zu fahren. Fast alle Frauen hätten dort den Führerschein. Luise wollte nicht daran denken, die neue Umwelt wäre nicht das Problem. Ihre Sorge war, dass sie ihre Mutter, die Schwester und ihre Oma vielleicht nie mehr sehen könnte.

Nachdenklich gingen sie ins Zimmer nach oben. Es war fast alles gesagt. Luise wollte sich nur eng an Dave schmiegen und nichts mehr sagen oder hören. Sie blieben noch länger wach, redeten aber kaum mehr miteinander und schliefen dann ein. Nach dem Frühstück im Lamm kam Ernst Mahler ins Gasthaus und erzählte dem Wirt, was er gestern erfahren hatte. Zu Luise sagte er: „Wir treffen uns doch gleich noch bei Lina!" Schon war er wieder daußen. Dave und Luise waren sehr schweigsam und auch Georg wollte die Stille nicht stören. Bevor Dave an die Arbeit ging, sagte er: „Ich komme heute um elf Uhr ins Lamm, da treffen wir uns." Er wünschte allen einen schönen Tag und ging. Luise blieb auch nicht sitzen, sie wollte bei Lina von Ernst Mahler hören, was es gestern Neues gegeben hatte. In der Höllgasse saßen beide am Tisch, für sie war auch schon eine Tasse vorbereitet. „Du siehst nicht gut aus!“ begrüßte Lina ihre Mieterin. „Sieht man mir an, was mich umtreibt?“ meinte Luise und fuhr fort: „Dave muss in einigen Tagen gehen, und wir müssen dann wissen, was ich machen werde. Soll ich mit seiner Einheit in den nächsten Ort weiterziehen oder soll ich bleiben? Dann können wir uns nur noch schreiben oder miteinenander telefonieren. Sehen könnten wir uns dann nur noch sehr selten. An das Ende unserer Beziehung will ich gar nicht denken.“ Nachdem sie ihre Sorgen Lina mitgeteilt hatte, war ihr etwas wohler. Vielleicht hatte Lina auch schon über Luise und Dave nachgedacht. Sie sagte: „Trink erst einmal eine Tasse Kaffee und streiche dir ein Marmeladebrot. Ernst hat mir etwas zu erzählen, was dich vielleicht auch interessiert.“

Ernst Mahler schaute sehr streng: „Gestern nahm der Fall des Eisler-Toten eine überraschende Wendung. Es ist kaum zu glauben, aber zwei dreizehnjährige Wassertrüdinger öffneten vor ein paar Tagen den verschlossenen Eingang zu dem Bierkeller am Eisler. Dann gingen sie mit einer Kerze in den Keller und schauten sich um. Das Ganze war für die beiden eine Mutprobe, keiner sollte davon etwas mitbekommen.“ Er trank einen Schluck Kaffee und erzählte gleich weiter, weil er merkte, wie interessiert beide zuhörten. „Obwohl mehrere Polizeibeamte den Keller durchsucht hatten, fanden die Buben etwas, was vorher keinem aufgefallen war. Sie hatten zwar nichts zu schreiben dabei, aber sie merkten sich beide, was in Kopfhöhe in eine glatte Felstelle geritzt worden war. Beim Hinausgehen hoben sie die leichte Brettertüre wieder vor den Eingang und besprachen dann, was sie mit dem Gesehenen machen sollten. Natürlich war ihnen klar, dass sie etwas Verbotenes gemacht hatten, andererseits hatten sie etwas entdeckt, wofür sich die Polizei interessierte. Sie sprachen mit ihrem Lehrer, der versprach ihnen, dass er ein gutes Wort für sie einlegen würde, wenn sie zur Polizei gingen.“ „Was erzählten die beiden denn?“ fragte Luise. „In die Steinwand war ein Datum und zwei Buchstaben eingeritzt. Sie schrieben die Zeichen in der Polizeistation auf: ‚7.1.1945‘ und darüber die Buchstaben ‚S‘ und ‚H‘. Seit zwei Tagen wälzen nun drei Polizisten die Einwohnermeldelisten in über zehn Dörfern, um herauszubekommen, wer gemeint sein könnte. Es hat sich noch nichts ergeben.“

„Hat noch jemand genau nachgeschaut, ob die Buben alles richtig gelesen haben?" fragte Luise dazwischen. „ Das soll morgen geschehen!" Ernst sprach weiter: „Der Buchstabe ‚H' hat mich sofort elektrisiert, denn der könnte für ‚Herzog' stehen. Der andere Buchstabe könnte einer anderen Person zugeordnet werden. Das ist das Schlimme an der Geschichte, denn dann könnte der Tote doch dein Sohn Karl sein!" Lina schluchzte: „Wenn ich endlich Gewissheit hätte." Luise wollte ihr Mut zusprechen, denn Karl könnte ja auch in irgendeinem Lager eingesperrt sein, aber Lina ließ sich nicht trösten. Die Versuche ihr von andereren Verdachtsmöglichkeiten zu erzählen, machten die Verwirrung der armen Frau nur noch größer. Ernst hatte es gut gemeint, als er über die neuen Ermittlungen berichtete, doch für Lina war der Fall des Skeletts vom Eisler wieder harte Wirklichkeit, sie stellte sich die schlimmsten Dinge vor. Luise fragte Ernst, warum man diese Kritzeleien jetzt erst gefunden hatte. „Die Polizisten haben nach Gegenständen des Toten gesucht, und die liegen am Boden, die hängen nicht an der Wand." So verteidigte er die ergebnislose Suche. Lina saß da wie ein „Häuflein Elend", doch Luise hatte Dave versprochen um elf im Lamm zu sein. Deshalb fragte sie Ernst, ob er nicht bis Mittag bei Lina bleiben könnte. Sie meinte, dass das nicht nötig sei. Aber Ernst versprach: „Ich bleibe heute bei dir bis zum Nachmittagskaffee. Du solltest mit diesen Neuigkeiten nicht allein sein." Luise hatte für einige Minuten ihre eigenen Sorgen vergessen. Doch auf dem Weg ins Lamm fiel ihr die Aussichtslosikeit ihrere Liebesbeziehung mit Dave wieder ein.

Als Luise in die Gaststube trat, merkte sie, dass Georg schon auf sie gewartet hatte. Er begrüßte sie laut durch die ganze Stube und bat sie in die Küche, wo er ihr dann folgendes erklärte: „Es ist zwar niemand in der Wirtsstube, aber wenn jemand kommt, sollte er gar nichts von unserem Gespräch mitbekommen. Setz dich, hier ist eine Tasse Kaffee!" So ernst hatte sie Georg noch nicht gesehen. „Was ist denn?" fragte sie. „Das wirst du schon sehen, denn es betrifft dich auch. Morgen, das muss aber ganz geheim bleiben, sonst kommen wir beide in Schwierigkeiten, also morgen gibt es im Lamm eine große Abschiedsfeier, denn unsere Amerikaner verlassen uns in zwei Tagen." Luise standen Tränen in den Augen. „Das ist ja das Schlimme, auf uns nimmt niemand Rücksicht!" jammerte sie. Georg fuhr fort: „Um die kleinen

Leute hat sich die Obrigkeit noch nie gekümmert. Bevor ich dich noch etwas frage, sage ich es noch einmal: „Kein Wassertrüdinger darf von Dir oder von mir erfahren, dass die Besatzungstruppe unsere Stadt verlässt. Für mich kann das ein großes Geschäft werden, dein Nachteil soll es auch nicht sein."

Luise heulte los: „Für mich ist der Abend eine Katastrophe, aber ich werde schweigen wie ein Grab, von mir soll niemand etwas erfahren!" „Nun habe ich noch ein Problem," sprach Georg weiter. „Meine Frau und wir zwei schaffen so einen Abend nicht ohne eine weitere Hilfe. Also habe ich mir gedacht, dass vielleicht deine Vermieterin Lina Herzog uns an diesem Tag ab zwölf Uhr helfen kann, natürlich gegen Bezahlung." Luise erklärte ihm: „Vorhin hat Lina erfahren, dass der Tote vom Eisler ihr Sohn sein könnte, sie ist sehr niedergeschlagen. Warten wir bis heute nachmittag, dann können wir sie vielleicht fragen." Georg war einverstanden. „Natürlich wollen wir den Soldaten ein gutes Abschiedsessen bieten und einen schönen Abend machen. Das Bier reicht bestimmt. Ich muss vielleicht noch drei Flaschen Schnaps in Röckingen besorgen. Dem Kalter sage ich nicht, warum er auch an diesem Abend spielen muss, der kommt auf jeden Fall gern mit seinem Akkordeon." Luise überlegte: „Wenn alle Amerikaner kommen, dann reichen die Plätze nicht!" Aber Georg antwortete: „Lieutenant Wright sagte zu, dass mindestens acht Soldaten nicht anwesend sein werden, weil sie Dienst beziehungsweise Wache haben. Diese acht Soldaten wechseln dann später mit weiteren acht Soldaten. Der Platz wird also genau reichen. Doch bis morgen darf kein Stuhl mehr zerbrechen." Georg war in diesem Moment einmal mehr zufrieden mit seiner Kellnerin, denn nach diesem Gespräch wusste er, dass an diesem Abend alles klappen würde.

Dave stand in der Küchentüre. Sie waren ja um elf Uhr verabredet. Luise schenkte ihm ein Bier ein und setzte sich zu ihm an den Stammtisch. Sie drückte Dave einen Kuss auf die Backe und versuchte, ihn freundlich anzuschauen, doch das gelang ihr nur begrenzt. Sie war aufgewühlt, das konnte sie nicht verbergen. Dave versuchte sie aufzuheitern: „Du schaust so betrübt, doch wir zwei haben uns noch. Wir müssen versuchen, aus demStandortwechsel meiner Truppe das Beste zu machen. Ich darf dir nicht verraten, wann wir genau gehen, aber ich möchte mit dir zusammenleben. Das müssen wir hinbringen." Luise sagte: „Ich kann mir nicht vorstellen. dass ich Wassertrüdingen so schnell verlassen kann, wo ich hier doch erst seit einigen Monaten zufrieden leben kann. Wie soll es denn weitergehen. Lina und ich haben kein Telefon. Wie sollen wir denn miteinander in Kontakt bleiben." „Kannst du dir wirklich nicht vorstellen, mit mir aus Wassertrüdingen wegzugehen?" fragte Dave, doch Luise antwortete ihm: „Das kann ich mir vielleicht in ein oder zwei Jahren vorstellen, aber so schnell, das schaffe ich nicht, das ist unmöglich!" Ein amerikanischer Soldat kam mit verbundenem Kopf in die Wirtsstube. Luise brachte ihm wie verlangt ein Bier. Eine Befürchtung wollte Luise Dave zuerst nicht sagen, aber jetzt nahm sie sich ein Herz und erzählte ihm von ihren Sorgen: „Dave, seit ein paar Tagen beunruhigt mich noch etwas anderes. Was ist, wenn ich von dir ein Kind bekomme? Was machen wir dann?" Dave antwortete ihr ruhig: „Ich würde mich darüber freuen, denn wir werden auf jeden Fall zusammenleben! Unser Kind wird es bei dir und mir sehr schön haben."

Die Wirtschaft füllte sich jetzt. Es kamen sehr viele GIs zum Mittagessen. Luise hatte alle Hände voll zu tun. Das war gut, denn bis zum Kaffee mit Georg vergaß sie fast ganz ihre Sorgen. Georg fragte sie dann, ob sie in Wassertrüdingen bleiben würde. Er sagte: „Ich würde dich nicht gerne verlieren, du bist eine sehr gute Bedienung." Luise heulte leise: „Ich würde auch gerne dableiben, doch ich weiß immer noch nicht, was ich tun soll!" „Gut, du sollst wissen, dass du immer bei mir arbeiten kannst, auch wenn du kurze Zeit fortgehen würdest. Wir sind sehr zufrieden mit deiner Arbeit und die amerikanischen Soldaten verehren dich alle. Aber ich will dir nicht dreinreden, du musst selber entscheiden." Georg machte eine kurze Pause. „Heute vormittag wurde ich auf der Straße schon gefragt, ob die Amerikaner gehen. Ich habe erstaunt gefragt, wie man auf so eine Idee kommen kann!" erzählte Georg weiter, er war sichtlich bemüht, Luise von ihren Problemen abzulenken. Deshalb beauftragte er Luise, sie solle beim Bäcker am Hafenmarkt vier Dreipfünder Mischbrot für übermorgen bestellen. „Wenn er wissen will, warum so viel Brot, sagst du ihm, dass du das nicht weißt."

Luise ging auf den Marktplatz hinaus, die frische Luft tat ihr gut. Beim Bäcker bestellte sie die Brote. Sie wurde auch gefragt, zu welchem Fest die Brote gebraucht würden, doch sie gab darauf keine Antwort. Auf dem Rückweg begegnete ihr die Frau, die sie nach der Beerdigung angesprochen hatte. Sie lud sie zu einer Tasse Kaffee ins Lamm ein. Als sie dann beide am Tisch saßen, fragte Luise die Frau: „Weißt du schon, was du machst, wenn die Amerikaner Wassertrüdingen verlassen werden?“ „Das ist ja das Schlimme“, antwortete ihr die Frau. „In meinem Dorf ist es fast nicht mehr zum Aushalten. Ich werde beschimpft und verlacht, furchtbar. Deshalb werde ich wahrscheinlich mit meinem amerikanischen Freund fortgehen. Er ist aus einem kleinen Ort mitten in den USA. Sein Vater hat einen Bauernhof, da wäre ich dann schon die richtige. Die ewigen hässlichen Beschimpfungen, ich habe die Nase voll. Ich werde mit ihm gehen!“ Luise trank einen Schluck Kaffee und wartete ein bisschen. Dann erklärte sie ihrer neuen Bekannten: „So schlimm empfinde ich die Beschimpfungen nicht, denn hier in der Wirtschaft und bei meiner Vermieterin ist der amerikanische Freund kein Thema. Auf den Straßen und in den Geschäften höre ich schon ab und zu, dass über mich getuschelt wird, aber manchmal helfen mir sogar Einheimische, wenn alte Nazis mich als ‚Amihure‘ beschimpfen! Das ist wahrscheinlich auf dem Dorf schlimmer, da kommt einem keiner zu Hilfe.“

Am Nachmittag ging Luise zu Lina in die Höllgasse. Georg hatte ihr nämlich erzählt, dass die Polizei angeblich herausbekommen hatte, wer der Tote vom Eisler war. Obwohl sie nicht viel mehr wusste, aber diese Nachricht sollte Lina möglichst schnell erfahren. Ernst saß mit ihrer Vermieterin in der Küche, als sie die Neuigkeit überbrachte. Ernst war sehr überrascht, denn er hatte am Morgen in der Polizeistation noch nichts davon gehört. „Da muss ich schnell zu meinen Kollegen, dann kann ich euch Genaueres sagen,“meinte er aufgeregt, und schon war er draußen. Lina schaute Luise an. „Vielleicht wird es für mich eine beruhigende Nachricht,“ meinte sie. „Ich wünschte mir allerdings noch viel mehr, dass von meinem Karl eine Nachricht kommen würde, in der er sich endlich selbst bei mir meldet. Ich denke mir, dass er vielleicht in einem russischen Gefangenenlager lebt. Das wäre auch nicht schön, aber dann könnte er vielleicht in einigen Monaten

Das Wassertrüdinger Schloss (um 1950)

zurückkommen.“ Luise versuchte sie zu beruhigen: „Das wünsche ich dir auch. Vielleicht bringt Ernst in einigen Minuten wenigstens die Nachricht, dass der Tote vom Eisler nicht dein Karl ist.“ Für einige Minuten wurde es still in der kleinen Küche. Um Lina abzulenken, fragte Luise ihre Vermieterin, ob sie morgen beim Lammwirt helfen könnte. „Ich darf dir zwar nicht sagen warum, aber wir brauchen dich ganz dringend.“ beendete Luise ihre Anfrage. Lina war kurz still, dann antwortete sie: „Vielleicht ist es ganz gut, wenn ich bei euch aushelfe, dann bin ich abgelenkt. Du kannst Georg zusagen.“ Beide Frauen hörten die Haustüre, Ernst kam zurück: „Es schaut so aus, als ob die Polizei nun die Herkunft des Toten vom Eisler-Keller kennt. Ganz sicher ist es noch nicht. Die beiden Buchstaben an der Wand im Keller sind wahrscheinlich vor dem Mord eingeritzt worden und haben nichts damit zu tun. Aber morgen wird endgültig bekanntgegeben, wer der vermutliche Tote war. Die Nachforschungen in den einzelnen Dörfern waren sehr aufwendig, aber sie haben anscheinend den Durchbruch gebracht. Es scheint ein Vermisster aus einem Dorf zu sein. Mehr darf ich aber noch nicht sagen!“ Lina war gefasst. Sie antwortete: „Eigentlich müsste ich aufgewühlt sein, weil wieder alles offen ist. Auch wenn

Karl nicht dieser Tote ist, wo ist er heute? Lebt er noch? Befindet er sich in einem Gefangenenlager, oder liegt er in einem Lazarett? Furchtbar, aber er ist wenigstens nicht dieser Tote vom Eisler." Lina entschuldigte sich bei Luise, dass sie ihr keinen Kaffee angeboten hatte. Luise musste zum Dienst, doch Ernst blieb noch auf eine Tasse Kaffee bei Lina. Im Lamm bekam Luise einen sehr guten Kaffee. Georg war erfreut, dass Lina morgen zum Aushelfen kommen würde. Weil in der Wirtsstube kein Betrieb war, ging Luise anschließend zum Kolonialwaren-Geschäft Stiegler am Hafenmarkt. Sie bekam tatsächlich zehn Packungen mit englischem Tee. Sie musste das Geld auslegen, denn diesen Tee gab es nicht auf Lebensmittelmarken. Frau Stiegler sagte ihr, dass sie diesen Tee habe, seit die Engländer im Schloss und auf dem Hesselberg sind. Sie hatten durchgesetzt, dass sie eine goße Schachtel mit englischem Tee erhalten habe. Auf dem Rückweg bemerkte sie, dass immer noch seit April die Fenster einiger Häuser mit Holzplatten oder Pappe abgedeckt waren. Vor sechs Monaten hatte eine Bombe neben dem Bahnhof einen Versorgungszug der Nazis getroffen. Dabei explodierten dann noch einige Munitionsvorräte, die im Zug lagen. Seit diesem Unglück bekam man in Wassertrüdingen kein Glas mehr, denn in allen Häusern Richtung Bahnhof waren die Glasfenster zerstört worden.

Britische Soldaten am Schloss (1945)

Die einen hatten im Bombentrichter Stoff oder Butter gefunden, bei den anderen gingen die Fenster zu Bruch. Auch auf dem Marktplatz sahen die Häuser noch sehr ärmlich und unordentlich aus.

Ab sechs Uhr war im Lamm wieder Hochbetrieb. Alle bestellten ihre Lieblingsspeisen und das Bier floss in Strömen. „Hoffentlich hat Georg für morgen Abend genug Bier eingekauft!" dachte sich Luise. Als Dave später kam, fragte er sie: „Du bleibst doch heute bei mir im Lamm, oder nicht?" Luise hatte sich das auch schon überlegt. Eigentlich war es unvernünftig, doch sie hatte die Nächte mit Dave in so schöner Erinnerung, dass sie zusagte. Die Aussicht auf einen schönen Abend beflügelte sie. Sie war richtig beschwingt und gut gelaunt wie selten. Es konnte auch ein Abschiedsabend sein, doch sie freute sich sehr auf diese Nacht mit Dave. Das Trinkgeld floss wieder in Strömen, sie bekam besonders viele Zigarettenschachteln und auch viel Geld. Luise kannte bereits einige der Soldaten mit Namen. Sie waren alle sehr freundlich zu ihr und lachten sie alle an. Schade, dass sie nun gehen mussten. Auch die Musik störte Luise an diesem Abend nicht, denn vielleicht war es für einige Wochen das letzte Mal, dass im Lamm eine so gute Stimmung herrschte. Und morgen war noch ein Abend mit dieser netten Truppe. Lieutenant Wright bedankte sich beim Gehen besonders bei ihr für die gute Betreuung. Dazu klatschten dann alle Anwesenden. Es war Luise fast peinlich, wie sie gelobt wurde.

Nachdem er kurz vor zwölf abgesperrt hatte, brachte Georg zwei Likörgläschen für Luise und zwei Biere für Dave. Dann verabschiedete er sich mit einem sehr freundlichen „Danke" und „Gute Nacht" von den beiden. Nachdem Luise und Dave angestoßen hatten, waren sie zuerst eine Weile still. Dann begann Dave: „Wenn du wirklich nicht übermorgen mit mir gehen willst oder gehen kannst, bin ich trotzdem sicher, dass wir uns in ein oder zwei Jahren gemeinsam irgendwo niederlassen werden. Ich will dich nicht zu sehr drängen, doch wir müssen gut aufpassen, dass wir uns nicht aus den Augen verlieren." „Hoffen möchte ich das auch," antwortete Luise. „Doch bis dahin haben wir es nicht ganz leicht. Ich werde vorerst hierbleiben, aber du kannst mich hier im Lamm telefonisch erreichen und ich werde dir schreiben, wenn ich deinen Aufenthaltsort kenne. Du musst mich auf jeden Fall an den Wochenenden besuchen, ein Zimmer wird im Lamm für dich reserviert sein." Während sie im Gastraum saßen, war die Stimmung sehr gedrückt. Doch im Schlafzimmer vergaß Luise die Schwierigkeiten für sie beide. Sie liebten sich innig wie von allen Sorgen befreit. Zufrieden schliefen sie dann eng aneinenader geschmiegt schnell ein.

Am nächsten Morgen wurden sie vom Wirt geweckt. Er klopfte an die Türe und rief: „Dave! Sie müssen schnell aufstehen, in der Schreibstube wird schon auf sie gewartet!" Mit einem Satz war Dave aus dem Bett. Er zog sich schnell an, gab Luise einen langen Kuss und sagte: „Heute Abend können wir nicht zusammensein!" Dann hüpfte er in großen Sätzen die Treppe hinunter. Luise wunderte sich, warum Dave ihr nichts von seinem frühen Dienst erzählt hatte. Als Luise in der Küche erschien, stand schon eine Tasse Kaffee mit Milch und Zucker für sie auf dem Tisch. „Dave musste so schnell weg, weil der Leutnant eine besondere Aufgabe für Dave hatte," erklärte ihr der Chef. Luise war nicht nach Reden zumute. „Ernst hat schon nach dir gefragt. Du sollst in die Höllgasse kommen!"

Sie stand bald auf und ging über den Marktplatz hinunter in die Höllgasse. Die frische Luft tat ihr gut, denn sie hatte leichtes Kopfweh. Ernst saß am Tisch in der Küche. Lina erzählte ihr, dass die Polizei wahrscheinlich weiß, wer der Tote ist. „Aber ich weiß immer noch nicht, wo mein Karl ist." „Der Tote ist aus einem Dorf östlich von Wassertrüdingen." Ernst erzählte die Geschichte noch einmal für Luise. „Er war ein Evakuierter aus dem Rheinland. Seine Familie war hier untergekommen. Seit Februar hatte die Familie nichts mehr von ihm gehört. Er war bei der Panzertruppe und sollte sich bei seiner Einheit in der Nähe von Berlin melden. Dort ist er aber nicht angekommen, die Mutter war schon mehrmals von der Polizei gefragt worden, wo ihr Sohn sei." Lina sagte dazu: „Bei mir war es auch so. Karl war nicht bei seiner Einheit angekommen, deshalb haben sie vermutet, dass er desertiert ist. Drei- oder viermal wurde ich gefragt, wo Karl sei!" Ernst erklärte: „Sehr viele desertierte deutsche Soldaten verstecken sich in den Wäldern. Sie hoffen, dass sie vor Kriegsende nicht erwischt werden. Ihnen droht die Todesstrafe!" Luise sagte zu Ernst: „Erzähle doch nicht diese Geschichten, denn das ist für Lina entsetzlich."

Marktplatz mit Schranne (ca. 1900)

Ernst war sehr erstaunt, als er erfuhr, dass Lina heute mit Luise in das Gasthaus zum Lamm gehen würde. Er wollte wissen"Warum?", doch Luise schwieg eisern: „Das darf ich dir nicht erzählen, hat mir Georg gesagt!" Nach einer weiteren Tasse Kaffee waren Lina und Luise allein, denn Ernst ging wieder zur Polizeistation, um noch mehr zu dem Fall des Toten vom Eisler-Keller zu erfahren. Luise sagte Lina, dass sie sich bald entscheiden müsse, ob sie mit Dave und seiner Einheit mitgehen würde oder ob sich ihre Wege trennen würden. „Ich werde zumindest vorerst in Wassertrüdingen bleiben! Bei dir habe ich eine zweite Heimat gefunden, du hast mich wie eine Mutter aufgenommen. Ich habe Angst wieder heimatlos in der Fremde zu sein, auch wenn Dave dabei sein würde." Lina antwortete: „Du bist alt genug und musst selbst entscheiden. Aber ich bin so froh, dass du bei mir wohnst. Ich bin nicht allein und wir passen gut zueinander. Besonders jetzt tut es mir gut, wenn du im Haus bist. Die Geschichte mit dem Toten und der furchtbare Verdacht wegen meines Karls, es ist schrecklich!" „Ich werde bei dir bleiben, auch wenn Dave mich am liebsten heute schon mitnehmen würde. Wir lieben uns. Ich kann mir eine Zukunft mit ihm gut vorstellen, aber nach einem halben Jahr wieder in der Fremde irgend wo neu anzufangen, das ginge mir viel zu schnell! Vielleicht einmal später."

Lina berichtete ihr dann: „Ernst hat vorhin erzählt, dass das Rote Kreuz einen Suchdienst einrichten wird, wo Angehörige nach Vermissten fragen können. Das soll noch im Oktober möglich sein!" Luise antwortete, dass Dave weder von ihrem eigenen Bruder noch von Karl etwas erfahren habe. „Er hat einen Funker seiner Einheit beauftragt, nach den beiden Namen zu suchen, aber der Soldat hatte ihm nichts sagen können." Dann räumte Luise in ihrem Zimmer auf und richtete Wäsche her, denn sie wollte am Tag darauf mit dem Waschzuber, einer Wurzelbürste und billiger Seife ihren Waschtag halten. Kurz vor zwölf Uhr gingen sie beide in das Gasthaus zum Lamm. Lina hatte sich eine weiße Schürze angezogen, so sahen sie beide wie zwei Schwestern aus. Mittags war wenig Betrieb, doch die anwesenden GIs begrüßten alle die neue Bedienung. Um zwei Uhr bekamen beide einen guten Schweinebraten von der Küche. Georg setzte sich dazu, er kannte Lina noch aus seiner Schulzeit.

Für den Abend wurden die Tische verteilt. Getränke sollte jede an den zugeteilten Tischen aufnehmen und austeilen. Für alle Gäste war am Abend Schweinebraten mit Krautsalat geplant. Nach einer guten Tasse Kaffee wischten beide Frauen die Tische ab, und dann wurde für das Abendessen eingedeckt. Luise überlegte sich, warum Dave keine Nachricht hinterlassen hatte. Wahrscheinlich musste er einen besonders wichtigen Auftrag auswärts erledigen. Kurz nach vier Uhr blieb Lina und Luise noch Zeit für eine Tasse Kaffee. Sie setzten sich an den Tisch neben der Küchentür. Lina war plötzlich wieder sehr unruhig. Während des Arbeitens hatte sie ihre Sorgen vergessen. Eigentlich sollte sie froh sein, da der Tote vom Eisler-Keller ziemlich sicher nicht ihr Karl war. Doch die Ungewissheit, was wirklich aus ihm wurde, nagte an ihr. Mit weinerlicher Stimme sagte sie: „Am Ende stimmt es gar nicht, dass der Tote aus diesem Dorf ist. Ernst sagte immer, dass das fast sicher sei, aber ganz sicher ist es nicht." Luise versuchte sie aufzurichten und meinte: „Du musst das glauben, sonst kommst du nicht zur Ruhe. Ich versuche auch den Knall des Schädels auf den Marktplatz zu vergessen, für dich ist das noch viel schwerer. Wir werden das zusammen durchstehen."

Ein besonders trauriger Abschiedsabend

Ab fünf Uhr kamen die ersten Amerikaner Sie waren bester Stimmung, denn die Kompanie übernahm die Kosten für den ganzen Abend. Dave war immer noch nicht zurück. Luise machte sich Sorgen. Deshalb fragte sie einen Soldaten, den sie vom Sehen her kannte, ob er wüsste, wo Dave sei. „Das weiß keiner von uns. Er ist am Vormittag mit zwei Soldaten in seinem Jeep weggefahren. Keiner weiß wohin," erklärte er Luise. Es wurde lauter. Kurz nach sechs Uhr kam Lieutenant Wright. Er bekam Beifall von seinen Soldaten, als er ihnen verkündete, dass Essen und Trinken heute von der Kompaniekasse übernommen werden. „Wohin wir abkommandiert worden sind, kann ich euch nicht sagen. Aus Sicherheitsgründen werdet ihr das erst vor Ort erfahren. Wir werden ungefähr vier Stunden Fahrzeit brauchen." Georg flüsterte Luise zu: „Wahrscheinlich musste Dave vorausfahren und den Weg erkunden. Dann kommt er nicht vor acht Uhr." Dave hatte Luise schon erzählt, dass er öfter Erkundungen und Nachforschungen machen musste, da er perfekt Deutsch kann. Langsam kam Stimmung in die Bude. Kalter war schon da und spielte einige sehr bekannte amerikanische Lieder, die fast alle mitsangen. Obwohl noch nicht alle Solaten anwesend waren, befahl Wright, dass man das Essen auftragen solle. Lina und Luise machten sich an die Arbeit. Es dampfte und bald war eine himmlische Ruhe in der Wirtschaft. Doch heute vergaßen die Soldaten auch während des Essens das Trinken nicht. Das Bier floss in Strömen.

Es war schon kurz vor acht Uhr, als endlich die Teller abgeräumt waren. Das war dann der Zeitpunkt für den zweiten Schnaps. Obwohl sie viel zu tun hatte, dachte Luise immer wieder an Dave. Sie hoffte, dass er bald kommen würde. So viel Bier wie an diesem Abend hatte sie noch nie ausgeschenkt, fast konnte man meinen, dass die Amerikaner der Meinung waren, dass es im nächsten Ort kein Bier mehr gäbe. Auch die Unteroffiziere und die beiden Offiziere ließen sich Essen und Bier schmecken. Ganz offensichtlich waren sie mit ihrem Aufenthalt in Wassertrüdingen zufrieden gewesen. Und ihre Stammkneipe, das Gasthaus zum Lamm, gefiel ihnen anscheinend besonders gut. Georg kam aus der Küche und brachte fast dreißig Schnäpse herein, die er zufrieden seinen Gästen ausgab. Er sprach einen Trinkspruch und dann brüllten alle laut „Prost!". Das war sicherlich eines der deutschen Worte, das alle Amerikaner gelernt hatten. Es war gut. dass Georg noch eine weitere Frau zum Spülen für diesen Abend verpflichtet hatte. Lina und Luise konnten eigentlich nur die Biergläser versorgen. Schnapsgläser und Geschirr wuren in der Küche abgespült und getrocknet. Für die Soldaten war der Abschied sicher leichter als für Luise. Wahrscheinlich wären sie alle gern in Wassertrüdingen geblieben, denn sie wussten ja nicht, was auf sie zukommen würde. Möglich waren Dörfer, Kleinstädte und Großstädte als Standort. Wassertrüdingen war ihnen nicht unangenehm gewesen, auch wenn es hier manche Vorfälle gab, die man lieber nicht erlebt hätte.

Plötzlich standen acht Soldaten auf und verließen den Wirtshaussaal. Die Anwesenden wussten, dass Wachwechsel war. Tatsächlich kamen zehn Minuten später die anderen acht Soldaten. Sie wurden von Lina und Luise schnell bedient, doch von Dave und seinen zwei Soldaten war noch nichts zu sehen. Kalter stimmte schon zum zweiten Mal das Lied von der „Susanna" an, denn es wurde von vielen nochmal gewünscht. Als die Wachsoldaten fast fertig waren mit dem Schweinebraten, kam endlich Dave mit seinen zwei Soldaten herein. Zuerst erstattete er leise Meldung bei seinem Kompaniechef. Dann gab er Luise unter dem Beifall aller einen langen Kuss, und dann erst bekamen die drei ihr Bier und das Essen. Luise wollte ihren Dave allein haben, aber das war nicht möglich. Die anderen Soldaten hätten gerne gewusst, was Dave und seine Gruppe ausgekundschaftet hatte, doch das blieb geheim bis zur Ankunft am neuen Standort.

Luise nahm sich vor, in einer etwas ruhigeren Minute mit Dave hinauszugehen, um sich von ihm zu verabschieden. Dave hatte ihr schon am Morgen in aller Eile zugerufen, dass er in der folgenden Nacht bei der Truppe bleiben müsse, denn die Kompanie würde kurz nach Mitternacht aufbrechen. Doch aus der ruhigen Minute wurde erst einmal nichts, denn es kam ein ziemlich zerlumpter deutscher Soldat herein, der mit einem Bein und einem Stecken einen erbärmlichen Eindruck machte. Um seinen Kopf trug er einen bereits sehr verschmutzten Verband. Der Wirt wollte ihn gleich hinauswerfen, doch Ernst war mit ihm eingetreten und hatte Lieutenant Wright etwas ins Ohr geflüstert, was Dave übersetzen musste. Alle waren gespannt, was jetzt kommen würde. Denn dass ein zerlumpter Deutscher diese schöne Abschiedsfeier störte, musste einen sehr wichtigen Grund haben. „Ist zufällig eine Frau Herzog im Saal?" brüllte der Kriegsversehrte. Niemand konnte sich einen Reim darauf machen, doch Georg holte Lina aus der Küche und schob sie mitten in die Gaststube, was sie eigentlich nicht wollte. „Gebt der guten Frau einen Stuhl, denn meine Geschichte ist etwas länger!" ordnete der Kriegsversehrte an. Georg brachte Lina einen Stuhl, und Luise gab dem Verwundeten ein Bier. „Vielen Dank, das ist sehr freundlich!" sagte er und trank einen kräftigen Schluck.

Er begann aufgeregt zu erzähen: „Vor fünf Monaten lag ich in einem Lazarett bei Hof mit einer schweren Verwundung. Man hatte mir ein Bein abgenommen. So musste ich zwei oder drei Wochen mit starkem Fieber im Bett bleiben. Neben mir lagen ungefähr vierzig Schwerverletzte. Es war kaum auszuhalten, viele jammerten, manche träumten und fast jeden Tag starb einer im Krankensaal!“ Er trank wieder von seinem Bier. In der Wirtsstube war es plötzlich ganz still und der Einbeinige erzählte weiter: „Neben mir lag ein sehr schwer verwundeter Obergefreiter, der aus Eitersberg hinterm Forst stammte. Er hatte höllische Schmerzen und konnte kaum reden. Eines Abends winkte er mir, ich solle zu ihm kommen. Ich wusste nicht, wie ich ihm helfen konnte, doch er sagte ich solle ihm gut zuhören. Dann wolle er beruhigt sterben.“ Dave stand auf und erklärte kurz auf Englisch, was der deutsche Soldat erzählt hatte. Dann berichtete der Mann weiter: „ Der Schwerverwundete konnte kaum mehr reden, weil er so schwach war. Er sei schuldig geworden und wolle mir unbedingt etwas Schreckliches mittteilen. Bei seinem letzten Heimaturlaub Ende Januar hatte er sich mit einem Wassertrüdinger in der Bahnhofswirtschaft verabredet. Beide mussten an diesem Abend nach Nürnberg zur Truppe zurückfahren. Sie tranken zwei Bier und gingen noch ein bisschen spazieren. Hinter einer steinernen Brücke war ein kleiner Berg. Dort setzten sie sich auf eine Bank, da sie noch viel Zeit hatten. Beide machten sich sehr große Sorgen, denn sie wussten nicht, ob sie wieder heimkommen würden.

Der Schwerverwundete war ganz aufgeregt, ich hatte Angst, dass ihn das Reden zu sehr anstrengte, doch er sprach leise, aber bestimmt weiter. Zur Bahnfahrt hatte sich der Eitersberger, wie er sagte, eine kleine Schnapsflasche eingesteckt, aus der sie ab und zu einen Schluck nahmen. Der Schnaps und das Bier hatte beide etwas erhitzt. So begannen sie darüber zu streiten, wie lang der Krieg noch dauern würde. Der Obergefreite meinte noch ein bis zwei Jahre, der Bekannte aus Wassertrüdingen vertrat die Ansicht, dass es nur noch zwei oder drei Monate dauern würde. Die Stimme des Verletzten war leiser geworden, manchmal musste er auch Pausen machen. Mit letzter Kraft erzählte mir mein schwerverletzter Nachbar in diesem Lazarett, dass sie mehr aus Blödsinn als wegen eines echten Streits begonnen hatten, sich wie zwei kleine Buben zu balgen. Wegen ihrer Sorgen und wegen des vielen Alkohols reagierten sie fast kindisch und fanden es lustig, sich auf dem Boden zu wälzen. Dann standen sie auf und prügelten sich im Stehen. Plötzlich stolperte der Wassertrüdinger und fiel nach hinten mit dem Kopf auf einen Stein. Er hatte eine größere Wunde am Hinterkopf, aus der er sehr stark blutete. Fassungslos stand der Eitersberger zuerst da, dann weinte er hemmungslos. Aus dem Spaß war Ernst geworden, sein Kamerad war tot. Dann blieb es eine Weile ruhig im Nebenbett, aber dafür hielt der Verwundete meine Hand umso fester. Ein leises Jammern folgte, und ich wusste, dass ich jetzt bei ihm bleiben sollte. Er lag im Sterben und wollte durch das Erzählen des von ihm verschuldeten Unglücks seinem Herzen Ruhe verschaffen."

Dave übersetzte wieder mit einigen einfachen kurzen Sätzen auf Englisch die Erzählung. Luise nahm Lina in den Arm, die still in ihr Taschentuch weinte. Gebannt und mit großer Konzentration verfolgten alle Anwesenden die Geschichte. Nach einem Schluck Bier klopfte der Verwundete mit seinem Stock auf den Boden und fuhr fort: „Der Sterbende drückte fest meine Hand und bat mich mit ihm ein ‚Vaterunser' zu sprechen. Dann wollte er, dass ich ihm Verzeihung zuspreche. Ich antwortete ihm, dass ihm sein Vater im Himmel vergeben wird, wenn er ihn darum bittet! Weinend bekannte er, dass ihm alles leid tue, denn er hatte den Tod seines neuen Freundes bestimmt nicht gewollt."

Die Soldaten im Wirtshaus zum Lamm merkten ganz deutlich, dass den Kriegsversehrten die Geschichte selbst so ergriff, dass er kaum noch sprechen konnte. Der Wirt brachte ihm ein zweites Bier. Dann erzählte der Soldat weiter: „Damit niemand den Täter finden konnte, nahm der Eitersberger dem Toten Hemd, Hose, Rucksack und die Uhr ab. Den toten Kameraden schleppte er in einen nahen Bierkeller. So fand man die Leiche erst viel später. In Nürnberg schenkte er dann die Sachen einem Kriegsheimkehrer, der ohne Hose mit zerissenem Hemd am Bahnhof bettelte.

Schuldbewusst weinte mein Bettnachbar neben mir im Lazarettsaal, und seinen ausgemergelten Körper durchzuckte es einige Male, was offensichtlich sehr schmerzhaft für ihn war. ‚Erzähle bitte Frau Herzog und meiner Mutter in Eitersberg von unseren Qualen,' bat er mich. Ich verstand ihn fast nicht mehr, obwohl ich mein Ohr ganz nah an seinem Mund hatte. Er hielt meine Hand und bat mich dann, dass ich für ihn Frau Herzog besuchen müsse. Er zog unter seinem Kopfkissen die Uhr des toten Kameraden hervor, die ich ihnen, Frau Herzog, geben soll. Dann wurde mein Bettnachbar ganz ruhig und seine

Hand wurde kraftlos. Er starb ganz leise." - Nach einer längeren Pause humpelte der Einbeinige quer durch die Wirtschaft zu Lina und gab ihr die Uhr ihres Sohns.

„Mir tut das alles so weh, ich hätte ihnen viel lieber eine bessere Botschaft überbracht. Der Krieg ist unser aller Verderben!" sagte der schwerverletzte Bote und begann zu schwanken. „Hier ist die Uhr ihres Sohns! Mir tut es so leid um ihren Sohn!" sagte der Erzähler. Georg setzte den Mann auf einen freien Stuhl. Aus dem lebhaften Abschiedsabend mit lauter Musik war ein trauriges und sehr ernsthaftes Treffen geworden. Dave übersetzte auch den Schluss dieses grausigen Berichts. Lina weinte still in Luises Armen. Sie hatte vom schrecklichen Ende ihres Sohns erfahren. Welche Qual und welcher Schmerz für eine Mutter!

Luise hatte wegen der grausamen Geschichte ihre eigenen Sorgen vergessen, doch als sie Dave bei seinen Kameraden sitzen sah, stand sie auf und ging in die Küche, wo sie hemmungslos weinte. Dave kam kurz danach zu ihr und streichelte ihr die Haare, er wusste nicht wie er Luise trösten sollte. Er war selbst etwas niedergeschlagen, da auch ihm nicht klar war, ob Luise und er eine gemeinsame Zukunft haben könnten. In der Wirtsstube sangen sie zum Akkordeon einige Lieder. Gegen elf Uhr kam ein Soldat und sagte zu Dave, er müsse in den Saal kommen. Dave versuchte Luise anzulachen, doch das gelang ihm nicht. Zum Abschied küssten sie sich ohne etwas zu sagen. Dave ging in die Wirtsstube, wo alle Soldaten aufstanden und ein schottisches Abschiedslied sangen. Danach gingen alle langsam hinaus. Dave drückte Luise noch einen Kuss auf die Backe, doch dann stand sie mit Georg und Lina allein in der Wirtsstube. Beide Frauen waren sehr niedergeschlagen, denn sie hatten an diesem Abend ihre Liebsten verloren. Lina hatte nun Gewissheit, dass ihr Sohn tot war. Luise aber musste mit der Ungewissheit leben, ob Dave und sie jemals heiraten können.

Verwendete Literatur und Quellen:

Bauch, Jürgen: Er schickte mir eine Pdf-Datei: „Streckenübersicht Fernkabel FK 510/502 Berlin-Leipzig-München, Stand 31.3.1939."

Befragung: G. Herterich, Nürnberg, 13.03.2010 durch F. Held.

Befragung: Manfred Stettenfeld, Wassertrüdingen, 05.01.2010 durch F. Held.

Chronik des 20. Jahrhunderts, Lizenzausgabe für Bertelsmann Verlag, Georg Westermann, o. J.

Held, Friedrich: Mitschnitt einer Gesprächsrunde zum Jahr 1945 am 04.03.2009.

Huber, Friedo: Letzte Kriegs- und erste Friedensmonate 1945 in Wassertrüdingen, Abschrift beim Verfasser.

Kirchner, Horst: Der „Förschters-Hoschtl" erinnert sich... - Ein Zeitzeugenbericht aus Wassertrüdingen für die Zeit vom September 1944 bis 20.6.1948, Abschrift beim Verfasser.

Meier, Adolf: Im Niemandsland, in: Alt-Gunzenhausen, 2005.

Ott, Norbert: Wassertrüdingen unter Krone und Kanzler, Wassertrüdingen 1987.

Pelczer, Rudolf: Ansiedlung, Umsiedlung, Flucht, Glück oder Unglück? - Die Geschichte der Familie Pelczer/Schley und ihrer Vorfahren, Wassertrüdingen 2012.

Pfarrbericht, Auszug aus dem Pfarrbericht Kirchliche Ereignisse seit 1. Febr. 1935 (bis 1945), zusammengestellt von Hermann Rummel, Kopie beim Verfasser.

Reitmajer-Claus, Elfriede: Die Patin, Treuchtlingen/Berlin 2004.

Tippl. Peter: Schicksalsjahr 1945 in Wassertrüdingen, FLZ vom 10.10.1995.

www.dcamps.org/slaveCampsD-G.html.

Bildnachweis:

- Das Ölbild „Blick vom Eisler" wurde von Erich Klemm aus Heilbronn gemalt. Er war damals Student und besuchte seine Tante in Wassertrüdingen, weil er Hunger hatte. Frau Böhm hatte auf dem Land Verwandtschaft und konnte ihm viel zu essen kochen. Er blieb einige Tage, bis er satt war. Dieses Bild malte er nach einer Postlkarte aus den 20er Jahren.

- Das Bild „Brennholzsammeln" stammt aus „DIE ZEIT vom 7.5.2020, S. 42, Foto: akg-imago
- Das Foto vom „Einfaltskeller" an der Ansbacher Straße in Wassertrüdingen wurde vom Autor gemacht. Der Eisler-Keller wurde vor einigen Jahren zugeschüttet, weil in den letzten Jahren immer wieder die Eingangstür aufgebrochen wurde.
- Alle übrigen Bilder stammen aus der Sammlung „Held: Alte Wassertrüdinger Ansichten". Diese Bilder wurden mir für Kopien bzw. zum Scannen von Mitbürger/innen überlassen

Anmerkungen:
- Die meisten Ereignisse in dieser Kriminalgeschichte sind im Jahr 1945 tatsächlich in Wassertrüdingen geschehen, doch war die zeitliche Reihenfolge eine andere.
- Die Bevölkerungzahlen von Wassertrüdingen: „Im Jahr 1939 waren es nur noch 1667 Einwohner.(Rademacher, Michael, Stadt und Landkreis Dinkelsbühl, Universität Osnabrück, www.verwaltungsgeschichte.de). Bei einer Volkszählung waren es am 5. November 1946 schon 2604 Einwohner, davon waren nur 1082 männliche, aber 1522 weibliche Bewohner. (Stadtarchiv Wassertrüdingen, Akte Zuzugsgenehmigungen 1946.)"
- Danken möchte ich Herrn Prof. Dr. Friedo Huber für seine kompetente Hilfe.
- Die Korrektur-Leser/innen Frau Ruth Losert, meine Frau Erika Held und mein Sohn Andreas haben sich sehr verdient gemacht, denn die Korrektur eines längeren Textes macht große Mühe. Herzlichen Dank!
- Für die gute Zusammenarbeit möchte ich ganz besonders Herrn Dr. Schrenk meinen Dank aussprechen. Ohne ihn wäre das Projekt wahrscheinlich gescheitert.

Friedrich Held
Was habe ich euch getan?
Biografische Erzählung über
das Leben einer Jüdin in Franken
EHA Edition Hesselberg
& Altmühlfranken
im Schrenk-Verlag

Nadine Kießling

Als der Nebel sich lichtete

Eine Hesselbergnovelle

Edition Hesselberg & Altmühlfranken
im Schrenk-Verlag

Nadine Kießling, Als der Nebel sich lichtete
Edition Hesselberg & Altmühlfranken
100 Seiten, kt., mit zahlr., z.T. farbigen Illustrationen
ISBN 978-3-924270-52-0
gebd. Ladenpreis € 12,90 (D)

Hermann Glaser (Hg)
Georg Philipp Harsdörffer
Andreas Holler
Michael Husarek
Doris Katheder
Somayeh Farzaneh
Chr. Lindenmeyer
Wolfgang Mück
Bernd Ogan
Hans Recknagel
Thomas Röbke
Max-Josef Schuster
C. Peter Waegemann
Steven M. Zahlaus

In Franken wieder Heimat finden

Mit zwanzig Lithografien des Malers und Grafikers **Johannes Heisig**

SONDERBAND

Aufsätze über das Schicksal von Glaubensflüchtlingen, Heimatvertriebenen, Gastarbeitern, Kriegsflüchtlingen und Asylsuchenden

Buchfranken
Bücher aus und über Franken
im Schrenk-Verlag

Hermann Glaser u.a., In Franken wieder Heimat finden
Reihe Buchfranken, Sonderband 01, 2. Aufl.
168 Seiten, kt., mit 20 Lithographien von Joh. Heisig u.a. histor. Abb.
ISBN 978-3-924270-96-4
gebd. Ladenpreis € 16,90 (D)